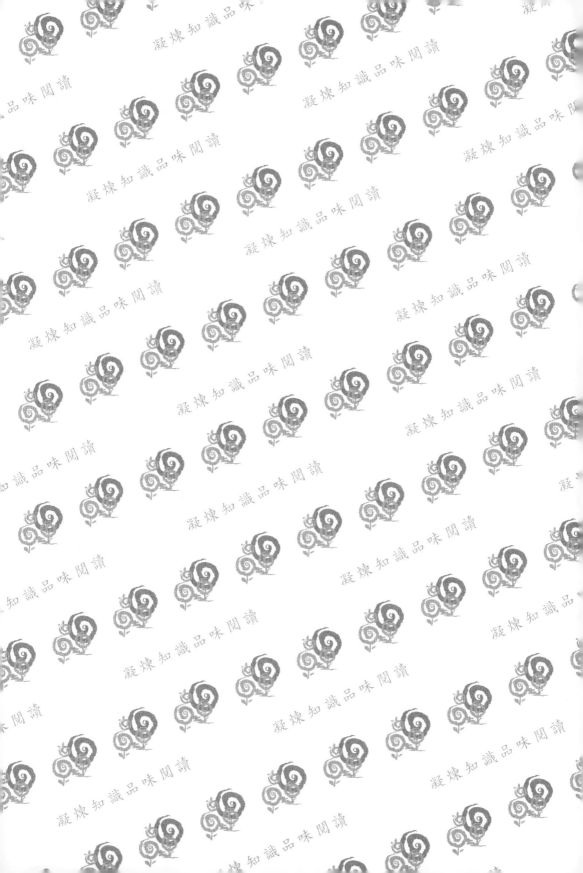

圖解系列

圖解

五南圖書出版公司 印行

多變量分析

陳耀茂 / 編著

閱讀文字

理解內容

觀看圖表

圖解讓
多變量分析
更簡單

自序

不管是看報紙、雜誌或是瀏覽網際網路的世界，整理成表形式的資料，確實有不少。像經濟、健康、教育等各種領域的資料均被圖表化。

觀察此種表，如果沒有任何分析的武器時，也許獲益有限。有很多時候常常忽略重要的事項。可是，如果有多變量分析的武器時，可將資料變形成寶山一般。

所謂多變量分析是就數目、項目同時進行調查的資料分析，是有效的統計分析手法。

多變量分析的資料，同時會有數個項目。多變量分析是想調查此種資料項目間之關連，理解資料並進行分析。多變量分析需要有數字的知識，計算也甚為麻煩。因之，以往認為「多變量分析」是難以理解的。可是，現代是電腦的時代，手中只要有一台電腦，即可簡單執行多變量分析。目前是「多變量解析的時代」，如此說也不過言。即使電腦可以瞬間執行分析，但在何種場合如何使用，如何分析資料等的想法與原理如果不能理解時，常會出現「豈有此理」的分析結果。開車多少也需要有引擎的知識。同樣，執行多變量分析也必須理解它的架構。

本書以提供多變量分析的想法與基礎知識作為目的。實際的計算可交給EXCEL 或統計分析軟體。

多變量分析的手法有許許多多，已開發出各種的分析手法，本書僅介紹較具代表的分析手法：

1. 複迴歸分析：建立迴歸方程式。
2. 主成分分析：一言道盡特徵、特性。
3. 因素分析：以簡單的要因表示複雜的關係。
4. 典型相關分析：表現兩個群間之關係。
5. 判別分析：了解資料的黑白、判斷基準。
6. 集群分析：將相似的夥伴予以集群。

這些都是多變量分析的典型手法，如能理解它們的想法，即可看出多變量分析的原理。

　　本書的重點是放在想法、架構、計算法以及利用法，實際的分析是活用「EXCEL 2000」和專用的多變量分析軟體（如 SPSS）等。EXCEL 的計算軟體若許多人都有好好利用它，多變量分析也會變得更為容易。另外，所利用的資料除一部分外，雖然是假設的，都是能應用的事例，想必讀者能立即使用。

　　本書對讀者而言，如能成為進入多變量世界的入門書，是作者最大的榮幸。並且，希望利用本書將資料變成「寶山」吧！

陳耀茂 謹誌於
東海大學企管系所

CONTENTS 目錄

第 3 章　複迴歸分析

第 4 章　主成分分析

第 5 章　因素分析

附錄

第1章
多變量分析淺談

1-1 多變量分析是什麼？

■各種的多變量分析

只是看到多變量分析這句話，一般人或許避之唯恐不及。

事實上，打開多變量分析的書時，不只是數據，像是各種的記號、數式、矩陣等，讓人覺得像是在閱讀數學的書。

原本多變量分析的存在只是理論而已。因此，多變量分析的內容也是數學。

但是，電腦的出現，開發出 SPSS 或 SAS 此種卓越的多變量分析專用軟體，多變量分析變成了在各種領域，像經濟學、心理學、醫學等方面撰寫論文的強力手法。如今，不光是大學或研究所，在企業中也經常地加以使用。

多變量分析不光是大學或研究所，在企業中也經常地加以使用呢！提起勁好好學習吧。

多變量分析從：

1. 複迴歸分析
2. 主成分分析
3. 因素分析
4. 判別分析
5. 集群分析

的量性多變量資料分析，到利用最適尺度法的：

1. 類別迴歸分析
2. 類別主成分分析

的質性多變量資料分析爲止，即使如今也頻繁地被研究開發著。這些多變量分析如其名是綜合地處理許多變量的分析方法。此變量（或稱變數）也稱爲獨立變數或說明變數。換言之，是意指「構成此社會之中的要因」。

社會中的現象既然全部都是由幾個要因複雜交織所形成，欲解明其現象，多變量分析是理所當然的手法，即使如此說也毫不過言。那麼，多變量分析的應用法則是什麼呢？容以下逐項說明。

1-2 複迴歸分析的話題

■複迴歸分析

簡單地說，將幾個「要因」與「結果」結合的統計處理，就是複迴歸分析。

在從屬變數 y 與對它造成影響的獨立變數 x_1、x_2、$\cdots$、x_p 之間，建立如下稱為複迴歸式的 1 次式：

$$Y = b_1 x_1 + b_2 x_2 + \cdots + b_p x_p + b_0$$

使用此式，從 x_1、x_2、$\cdots$、x_p 預測 y，或在 p 個獨立變數之中，調查哪一個獨立變數 x_i 與 y 有最強的關係。此 b_0、b_1、$\cdots$、b_p 稱為偏迴歸係數。但是，社會現象能用如此簡單的 1 次式表示嗎？ 抱持疑問的人或許也有。當然，複雜的社會豈止 1 次式，就是 2 次式、3 次式也不可能正確表現。

可是，此單純的 1 次式卻有十足的助益，是複迴歸分析的有趣之處。

試列舉複迴歸分析的應用例來看看。

1. 以「經營」為例

終身雇用的時代宣告結束，如今步入能力主義的時代。

換工作或裁員很平常，換工作的專門雜誌在許多書店的店頭中陳列著，電視上也出現人力銀行，提供許多求才的管道。

換工作時依然擔心的是年收入，年收入是由哪些要因所決定的呢？

與年收入有關係的要因，可以想出的有「年齡、就學年數、就業年數以及職種」。

因此，

以從屬變數來說⋯舉出「年收入」
以獨立變數來說⋯舉出「就學年數、就業年數以及職種」

進行複迴歸分析看看。

複迴歸式即為：

$$Y = b_1 \times \boxed{年齡} + b_2 \times \boxed{就學年數} + b_3 \times \boxed{就業年數} + b_4 \times \boxed{職業} + b_0$$

2. 以「醫學」為例

多變量解析在醫學上的應用，在此數年間令人瞠目而視，帶來許多重要的結果。此處，試列舉一例來說明。

有所謂百藥之王的酒，如飲酒過度會發生肝障害，形成酒精性脂肪肝，結果變成肝硬化，往後壽命還有幾年令人憂心忡忡。此處試應用複迴歸分析看看，衡量剩餘壽命的有血清蛋白質（albumin）、血清 r 球蛋白（globulin）、血清蛋白（serum albumin）等。因此，以血清蛋白質、血清 r- 球蛋白、血清蛋白及年齡作為說明變數，

以剩餘壽命作爲目的的變數，考慮如下的複迴歸式：

$$Y = a_1 \times \boxed{\text{血清蛋白質}} + a_2 \times \boxed{\text{血清 r 球蛋白}} + a_3 \times \boxed{\text{血清蛋白}}$$
$$+ a_4 \times \boxed{\text{年齡}} + a_0 \text{（定數項）}$$

　　當然，也有其他的說明變數，可以找到更好的說明變數也說不定，但這件事只好委託肝臟病的專家了。

【原因】
獨立變數，說明變數。
【結果】
從屬變數，目的變數。

3. 以「工業」爲例
　　爲以最經濟、最有效率的方式進行化學工程，須經常檢討該工程的物質回收。
　　以一例來說，今考察鉛室法硫酸工廠的物質回收。此工程是使硫化礦燃燒，在該氣體上加上乾燥空氣、噴射水、硝酸以生成硫酸的方法。然而依燃燒溫度、噴射水、空氣量之差異，其產出量有所不同。因此，爲了最有效率的產生硫酸，要怎麼辦才好，不妨應用對預測或控制甚爲有效的複迴歸分析看看。
　　今設燃燒溫度、噴射水量以及空氣的濕度當作說明變數，硫酸的回收率當做目的變數，作出如下的複迴歸式：

$$Y = a_1 \times \boxed{\text{燃燒溫度}} + a_2 \times \boxed{\text{噴射水量}} + a_3 \times \boxed{\text{空氣的濕度}} + a_0 \text{（常數項）}$$

小博士解說

　　像下雨機率那樣，從屬變數 y 在 $0 \leq y \leq 1$ 時，與其使用複迴歸式：

$$Y = b_1 \times \text{氣壓} + b_2 \times \text{溫度} + b_3 \times \text{風速} + b_4 \times \text{雲量} + b_5 \times \text{第六感} + b_0$$

不如使用下式：

$$\log \frac{y}{1-y} = b_1 \times \text{氣壓} + b_2 \times \text{溫度} + b_3 \times \text{風速} + b_4 \times \text{雲量} + b_5 \times \text{第六感} + b_0$$

更爲適切。此稱爲 Logistic（羅吉斯）迴歸分析。

1-3 主成分分析的話題

■主成分分析

在多變量分析中總覺得不易理解的是主成分分析。

對某個問題當考察出幾個要因時,並非將這些要因一個一個地獨立處理,將它們綜合性處理的,稱爲主成分分析的手法。

亦即,將幾個變數 x_1、x_2、$\cdots$、x_p 的綜合特性,以如下的一次式來表現:

$$a_1x_1 + a_2x_2 + \cdots + a_px_p + a_0$$

利用此式所表現的稱爲主成分。主成分依資訊量的大小順序稱爲第 1 主成分、第 2 主成分……

無法想出此綜合特性意義的人,不妨想成綜合力或綜合的順位。主成分分析雖然不能馬上懂,但我們在日常生活中經常進行主成分分析。譬如選購商品時,將性能、價格、設計綜合地判斷後,要選購何者呢?此等即使稱爲直覺的主成分分析也似乎是可以的。

試列舉主成分分析的應用例吧。

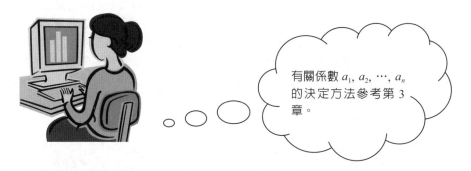

有關係數 $a_1, a_2, \cdots, a_n$ 的決定方法參考第 3 章。

1. 以「經營」爲例

打開電視,每天都看得見壽險的宣傳。當選擇壽險公司時,要怎麼辦才好?

首先必須要考慮的是這些公司的評價。像考慮

此壽險的安定性如何?

此壽險的將來性如何?

之後,再選擇壽險公司。

因此,根據壽險公司的「股票占有率、外國證券占有率、貸款占有率以及外幣資產占有率」的幾個變數,進行「壽險公司的評等」看看。

像股票占有率等,就每一個變數的壽險評等,雖然簡單可行,但將這些變數「綜合地匯總後再評等」就不簡單了。

此時,務必嘗試主成分分析看看。如此一來,「壽險公司的體力」的新座標即可如下表現:

$a_1 \times \boxed{\text{股票占有率}} + a_2 \times \boxed{\text{外國證券占有率}} + a_3 \times \boxed{\text{貸款占有率}} + a_4 \times \boxed{\text{外幣資產占有率}} + a_0$

> 這些匯總之後就是綜合力吧！主成分分析就是設法找出綜合指標吧。

2. 以「醫學」為例

最近總覺得食慾不振、容易疲倦、右肋骨下方不對勁。因此，勉為其難上醫院，抽血驗尿接受肝機能檢查。數日後，醫師告知你的 GOT、GPT 是 119 與 194，診斷出這是慢性肝炎。急急忙忙買了許多有關「肝臟病治療法」的書來看。大致這些書都寫著經肝機能檢查如血清酵素的 GOT、GPT 之值甚高時，即有危險，於是逐漸變成 GOT、GPT 的神經機能障礙。

可是，測量疾病的重症度，光是一種檢查足夠嗎？實際上，在肝機能檢查中，除 GOT、GPT 之外，像是蛋白質、ZTT、TTT、CHE、ICG 之類，有許多外行人不得而知的檢查項目。專門醫師分別一一檢討這些項目，一面去判斷病態的重要度。可是，既然是總和的診斷，難道不能作出症狀的總合指標，由其值測量重症的程度嗎？將這些當做說明變數，使用主成分分析時，即可在第 1 主成分上表示重症度的總合特性值。關於此例，容於第 3 章再說明。像這樣多變量分析應用在醫學上時，利用電腦的判斷或許信賴度會變得更高吧！

3. 以「資訊」為例

不管到哪一個國家，幾乎看不到不攜帶行動電話的人。

當申請行動電話時，是以何種的基準選購行動電話呢？依據美國的調查，選購行動電話時的要因好像是「費用、服務、設計、電視的 CM 以及家族折扣」
因此，試將這些要因綜合化建立「風評最佳的 10 種行動電話」
使用這些要因進行主成分分析時，第 1 主成分出現著如下的指標：「行動電話好感度」。

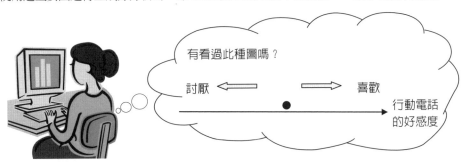

> 有看過此種圖嗎？
> 討厭 ⟸　⟹ 喜歡
> 行動電話的好感度

1-4 因素分析的話題

■因素分析

因素分析與主成分分析並列，是不易理解的手法。

主成分分析是處理「綜合的特性」，相對地因素分析是發現幾個要因背後潛藏的共同因素，亦即「共同因素 f_i」。

以圖表表現其形象時，即為如下：

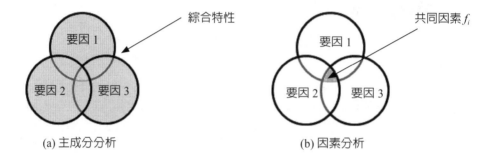

(a) 主成分分析　　　　　　　　　　(b) 因素分析

與主成分分析一樣，因素分析也是萃取第 1 因素 f_1、第 2 因素 f_2、⋯

因此，因素分析的模式即成為如下：

$$\begin{cases} x_1 = a_{11}f_1 + a_{12}f_2 + \cdots + a_{1m}f_m + \theta_1 \\ x_2 = a_{21}f_1 + a_{22}f_2 + \cdots + a_{2m}f_m + \theta_2 \\ \vdots \end{cases}$$

試列舉因素分析的例子吧！

1. 以「建築設計」為例

在建築計畫的領域中經常聽到「SD 法」。

SD 法可以想成是「將物理面的空間變換成心理面的空間之方法」，但統計上可以說是因素分析的應用。

譬如，對於幾家幼稚園的對象空間，就以下的項目：

快樂、寬廣、明亮、立體的、舒適
美觀、活力、親切、開放性、溫暖

讓幾位受試者體驗，將其評估結果進行因素分析。於是，萃取出如下：

第 1 因素…好感的

第 2 因素…活動性的

的共同因素，因之將這些幼稚園即可變換成如下的心理面的空間。

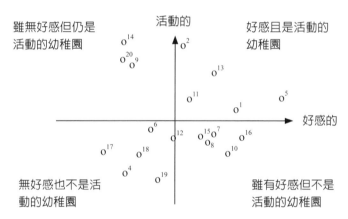

圖 1-1　利用 SD 法的圖形表現

2. 以「心理學」為例

因素分析在心理學是很活躍地被利用的統計手法。

如心理學中以深層心理的用語所表現的那樣,將「潛藏於內心深處的是什麼」當作研究的主題。

因素分析是將幾個題目的背後所潛藏的共同因素予以萃取出來的手法,因此因素分析在撰寫心理學的論文時,是常用的統計處理。

譬如,針對 100 人就如下的項目進行調查:

$$\left\{ \begin{array}{c} 壓力、運動、健康、家庭生活 \\ 地域活動、興趣、工作 \end{array} \right\}$$

將數據進行因素分析,萃取出如下的共同因素,即:

第 1 因素…外在充實感

第 2 因素…內在充實感

視覺認知 x_1
空間視覺 x_2 的共同因素 f_1…空間能力
空間方向 x_3

文章理解 x_4
文章完成 x_5 的共同因素 f_2…語言能力
單字意義 x_6

3. 以「看護、福利」為例

　　高齡者常因跌倒造成骨折，此事對高齡者的看護設施來說也是甚大的問題。因此，何種的看護設施是危險的呢？依類型區分時即可利用因素分析。譬如，在居住內見到許多高齡者跌倒事故的場所，就如下進行調查。

　　將此表格進行因素分析時，萃取出了：

$$\begin{bmatrix} 寢室、客廳、樓梯、浴室、陽台 \\ 餐廳、玄關、走廊、庭院、浴室 \end{bmatrix}$$

　　　　第 1 因素 …… 有水之處
　　　　第 2 因素 …… 有高低不平處
的共同因素，可以畫出如下的圖形。

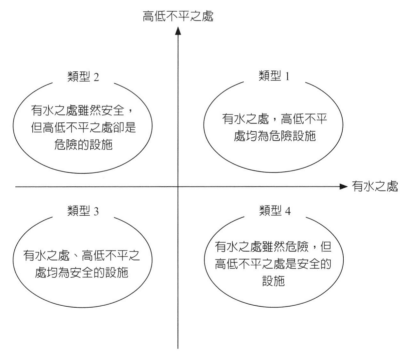

圖 1-2　第 1 因素與第 2 因素的散布圖

1-5 判別分析的話題

■判別分析

假定數據被分為 2 群。此時，新得出的樣本是屬於哪一群呢？

此時所使用的手法是判別分析。為了要判斷屬於哪一群，需要有判別的基準。經常所使用的基準有以下兩種：

一、利用線性判別函數的基準

在 2 個群之間加入如下的境界線或境界面，$a_1x_1 + a_2x_2 + \cdots + a_px_p + a_0 = 0$，再判別新的樣本屬於境界的哪一邊。此一次式 $z = a_1x_1 + a_2x_2 + \cdots + a_px_p + a_0$，稱為**線性判別函數**。

二、利用馬哈拉諾畢斯距離之基準

分別計算新樣本與 2 個群的距離，判別新樣本屬於「距離」較近的群。但距離並非以普通的尺度來測量，而是引進稱為**馬哈拉諾畢斯距離**之略為不同的概念。

1.以「生物」為例

昆蟲迷抓到一隻珍奇的金龜子，經調查昆蟲圖鑑似乎覺得是新品種的金龜子。帶到 T 大學的生物學教室去，卻有 2 種不同的意見。Q 教授認為是國內產的，而 N 助理教授則說是隨著颱風由大陸登陸而來的，是大陸產的金龜子。此時，判別分析即甚有用。

因此，就國內產的一群與大陸產的一群，測量觸角的長度、前胸背的寬度等幾個特徵，來判別此金龜子是屬於那一群。此方法自 1936 年費雪應用在判別菖蒲科 3 種植物以來，經常加以使用。

2.以「考古學」為例

1965 年古生物學者巴達生教授在肯亞的路德夫湖畔，發現了認為是手腕的一部分的骨骸。雖然馬上了解它不是人猿的化石，但是卻很難分辨它是否與極為近似的類人猿的骨骸。從其骨所發現的堆積物之年代估計，知道大約是 250 萬年前。

當時，被稱為最古老人類的化石約為 170 萬年前，如果此骨骸是「人類」的骨骸，那麼人類學的歷史將會塗改。因此，登場的是判別分析。巴達生教授測量人類與人猿 2 個群的各個骨骸的長度，判別所發現的骨骸化石是屬於人類的一群。

3.以「經濟」為例

銀行已經進入發放薪資（pay off）的時代。過去被稱為安全的銀行，也因不良債權等問題出現經營破綻的地方。此種時代，我們要將存款存在哪一個銀行呢？

　　因此，為了要調查好像有破綻的銀行與健全經營的銀行，試應用判別分析看看。首先，針對似乎有破綻的銀行與健全經營的銀行兩群收集如下有關銀行經營的數據：

　　「總資產業務純益率、自我資本比率、不良債權比率」

　　根據此數據，試在此 2 群間加入「境界線」看看。

　　另外，前來面試的學生對公司而言，是屬於將來公司所需要的群呢？或是不需要的群呢？判斷的線索之一即為判別分析。

　　此時，獨立的變數可以考慮在學中的成績，或就職考試的成績等。

　　選擇什麼作為獨立變數，則是人事課的拿手好戲。

4.以「醫學」為例

　　一旦開始出現胃痛、食慾不振、胃漲、下痢等的自覺症狀時，誰都會擔心，立刻上醫院看看。在醫院的服務台放著電腦的終端機，而你被要求坐在前面，電腦就症狀開始質問，一面按終端機的鍵一面回答，立刻診斷出疑似有胃癌或胃潰瘍的症狀。

　　其次，進入診療室，穿著白衣的美麗機械人護士，則進行血液檢查等數種精密檢查。內心著急的等待，而機械人醫師冷冷的宣告電腦診斷的結果，你的病名是胃癌。吃驚的你，必定去看看機械人醫師的頭，頭的內部當然放進判別分析的程式。

　　像這樣，到底是屬於胃癌或胃潰瘍的情形也可應用判別分析。根據已確認的胃癌患者群與胃潰瘍患者群之數據，使用線性判別函數在二個群之間畫出境界，判別你是屬於哪一方，或者分別測量你與二個群之間的馬哈拉諾畢斯距離，判別屬於較近一方的群。當然，判別並非絕對正確，誤判別的可能性也有，所以縱然以判別分析判斷出屬於胃癌的群，也不需要馬上寫遺書。

1-6 集群分析的話題

■集群分析

查詢英漢字典對「cluster」的解釋，出現「叢、群、群集」等的譯詞。也就是說，集群分析（cluster analysis）似乎是構成「群」的統計處理。

判別分析所用的表格原本是分成 2 個群，但從混雜的數據根據某種基準逐次地去建構「群」的是集群分析。

1.以「福祉」為例

在適切利用群集分析的論文中，有一篇是關於「從全國老人保健設施的特性所見到的類型化之研究」。

此論文是針對全國約 700 處的高齡者設施，進行約 30 個項目的意見調查，利用群集分析將這些高齡者設施分成 4 個群。

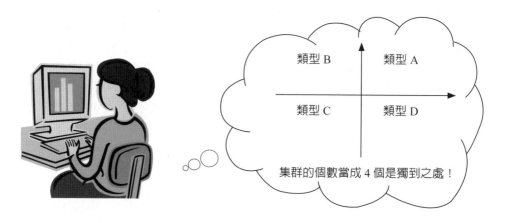

類型 B　　類型 A

類型 C　　類型 D

集群的個數當成 4 個是獨到之處！

2.以「心臟疾病死亡率」為例

此在鄉村地區發生率低，都市地區就很高。可檢討台灣地區 319 個鄉鎮帶的類似性，用於分析的疾病是基於疾病大分類，分別是感染症、新生物（癌、其他）、糖尿病、精神及行動的障礙、高血壓性疾病、心臟疾病、呼吸器官疾病、消化性器官疾病、腎衰竭、衰老、意外事故、自殺等 12 種疾病群。雖然鄉鎮市有不少，但由於聽到鄉鎮市時，即可做某種程度的想像，因之適合當作階層等群分析的例子。

Note

1-7 統計關鍵用語解說(1)

下表是從主成分分析的輸出結果取出一部分而得者。

表 1-1 基礎統計量

	平均值	變異數	標準差
身高	154.75	62.25	7.890
體重	51.75	48.917	6.994

表 1-2 相關矩陣、共變異數矩陣

	身高	體重
身高	1 62.25	0.693 38.250
體重	0.693 38.250	1 48.917

表 1-3 主成分矩陣

	主成分 1	主成分 2
身高 體重	0.7654 0.6435	-0.6435 0.7654
特徵值	94.410	16.757
貢獻率	84.927	15.073

像這樣,為了理解多變量分析,有幾個「不可欠缺」的關鍵語。

此等關鍵語像是「平均、變異數、標準差、數據的標準化、共變異數、相關係數、共變異數矩陣、相關矩陣特徵值、特徵向量等」。

因此,使用以下的數據,複習這些統計用語吧。

表 1-4 數據

NO.	身高	體重
1	151	48
2	164	53
3	146	45
4	158	61

表 1-5 數據的類型

NO.	x	y
1	x_1	y_1
2	x_2	y_2
⋮	⋮	⋮
N	x_N	y_N

■平均

統計中最常出現的是平均。

平均可以說是代表數據之值，或顯示數據位置的統計量。它的定義是大家所熟知的。

$$身高的平均 \ \bar{x} = \frac{x_1 + x_2 + ... + x_N}{N}$$

$$= \frac{151 + 164 + 146 + 158}{4} = 154.75$$

$$體重的平均 \ \bar{y} = \frac{y_1 + y_2 + ... + y_N}{N}$$

$$= \frac{48 + 53 + 48 + 61}{4} = 51.75$$

■變異數

統計中最重要的概念是變異數。

變異數是表示以平均為中心時的數據變異的統計量。

因此，變異數的定義是從數據與平均值之差開始的。

身高的變異數如當作 s_x^2，體重的變異數當作 s_y^2 時，分別是：

$$S_x^2 = \frac{(x_1 - \bar{x})^2 + (x_2 - \bar{x})^2 + \cdots + (x_N - \bar{x})^2}{N - 1}$$

$$= \frac{(151 - 154.75)^2 + (164 - 154.75)^2 + \cdots + (158 - 154.75)^2}{4 - 1}$$

$$= 62.25$$

$$S_y^2 = \frac{(y_1 - \bar{y})^2 + (y_2 - \bar{y})^2 + \cdots + (y_N - \bar{y})^2}{N - 1}$$

$$= \frac{(48 - 51.75)^2 + (53 - 51.75)^2 + \cdots + (61 - 51.75)^2}{4 - 1}$$

$$= 48.917$$

1-8 統計關鍵用語解說(2)

■標準差

標準差也是表示數據的變異，為了與平均的單位一致，因之定義為

$$標準差 = \sqrt{變異數}$$

因此，

$$身高的標準差 S_x = \sqrt{S_x^2} = \sqrt{62.25} = 7.890$$

$$體重的標準差 S_y = \sqrt{S_y^2} = \sqrt{48.917} = 6.994$$

■數據的標準化

當同時處理 2 個變數時，介意的事情有一件，就是變數的單位。像身高與體重這樣變數的單位不同時，同時處理這些變數可以嗎？統計上在此時，會進行數據標準化。

$$數據 \rightarrow \frac{(數據 - \bar{x})}{s_x}$$

試將身高與體重的數據標準化看看。

表 1-6　數據

NO.	身高	體重
1	151	48
2	164	53
3	146	45
4	158	61

表 1-7　數據的標準化

NO.	身高	體重
1	−0.4753	−0.5362
2	1.1724	0.1787
3	−1.1090	−0.9651
4	0.4119	1.3226

$$151 \rightarrow \frac{151 - \bar{x}}{S_x} = \frac{151 - 154.75}{7,890} = -0.4753$$

$$48 \rightarrow \frac{48 - \bar{y}}{S_y} = \frac{48 - 51.75}{6,994} = -0.5362$$

小博士解說

在數據的標準化中重點是？

標準化前	標準化之後
身高的平均 = 154.75 身高的變異數 = 62.25	身高的平均 = 0 身高的變異數 = 1

■共變異數

變異數是長度的概念，相對地共變異數是寬度的概念。

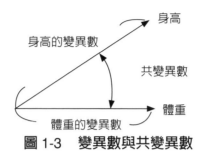

圖 1-3　變異數與共變異數

共變異數 s_{xy} 的定義如下：

$$s_{xy} = \frac{(x_1 - \bar{x})(y_1 - \bar{y}) + (x_2 - \bar{x})(y_2 - \bar{y}) + \cdots + (x_N - \bar{x})(y_N - \bar{y})}{N - 1}$$

因此，身高與體重的共變異數 s_{xy} 是：

$$s_{xy} = \frac{(151 - 154.25) \times (48 - 51.75) + \cdots + (158 - 154.75) \times (61 - 51.75)}{4 - 1}$$

$$= 38.250$$

■相關係數

與變異數有密切關係的是相關係數 γ。

$$相關係數\ \gamma = \frac{x\ 與\ y\ 的共變異數}{\sqrt{x\ 的變異數}\ \sqrt{y\ 的變異數}}$$

因此，身高與體重的相關係數 γ，即成為如下：

$$相關係數\ \gamma = \frac{38.250}{\sqrt{62.250}\ \sqrt{48.817}} = 0.693$$

數據標準化時：

$$相關係數 = \frac{共變異數}{\sqrt{1}\ \sqrt{1}} = 共變異數$$

1-9 統計關鍵用語解說(3)

■共變異數矩陣

共變異數矩陣是將變異數與共變異數排成長方形的矩陣。

$$
\begin{array}{c}
\begin{array}{cc} x & y \end{array} \\
\begin{array}{c} x \\ y \end{array}
\begin{bmatrix}
x \text{ 的變異數} & x \text{ 與 } y \text{ 的共變異數} \\
x \text{ 與 } y \text{ 的共變異數} & y \text{ 的變異數}
\end{bmatrix}
\end{array}
\iff
\begin{bmatrix}
S_x^2 & S_{xy} \\
S_{yx} & S_y^2
\end{bmatrix}
$$

因此,身高與體重變異數的共變異數矩陣如下。

$$
\begin{array}{c}
\begin{array}{cc} 身高 & 體重 \end{array} \\
\begin{array}{c} 身高 \\ 體重 \end{array}
\begin{bmatrix}
62.250 & 38.250 \\
x \text{ 與 } y \text{ 的共變異數} & y \text{ 的變異數}
\end{bmatrix}
\end{array}
\iff
\begin{array}{c}
\begin{array}{cc} x_1 & y_1 \end{array} \\
\begin{array}{c} x_1 \\ y_1 \end{array}
\begin{bmatrix}
s_{11} & s_{12} \\
s_{21} & s_{22}
\end{bmatrix}
\end{array}
$$

式中 $s_{11} = s_x^2$、$s_{12} = s_{xy}$、$s_{22} = s_y^2$

■相關矩陣

相關矩陣是如下的矩陣:

$$
\begin{array}{c}
\begin{array}{cc} x & y \end{array} \\
\begin{array}{c} x \\ y \end{array}
\begin{bmatrix}
1 & 相關係數 \\
相關係數 & 1
\end{bmatrix}
\end{array}
$$

因此,身高與體重的相關矩陣即為如下:

$$
\begin{array}{c}
\begin{array}{cc} 身高 & 體重 \end{array} \\
\begin{array}{c} 身高 \\ 體重 \end{array}
\begin{bmatrix}
1 & 0.693 \\
0.693 & 1
\end{bmatrix}
\end{array}
$$

將數據標準化時,

$$
\begin{cases}
變異數 \to 1 \\
共變異數 \to 相關係數
\end{cases}
$$

因之,共變異數矩陣即變成相關矩陣。

$$
\begin{bmatrix}
變異數 & 共變異數 \\
共變異數 & 變異數
\end{bmatrix}
\xrightarrow{\text{標準化}}
\begin{bmatrix}
1 & 相關係數 \\
相關係數 & 1
\end{bmatrix}
$$

■矩陣的計算與逆矩陣、行列式

矩陣的乘積

1. $\begin{bmatrix} s_{11} & s_{12} \\ s_{21} & s_{22} \end{bmatrix} \begin{bmatrix} x_1 \\ x_2 \end{bmatrix} = \begin{bmatrix} s_{11}x_1 + s_{12}x_2 \\ s_{21}x_1 + s_{22}x_2 \end{bmatrix}$

2. $\begin{bmatrix} y_1 & y_2 \end{bmatrix} \begin{bmatrix} s_{11} & s_{12} \\ s_{21} & s_{22} \end{bmatrix} = \begin{bmatrix} y_1s_{11} + y_2s_{21} & y_1s_{12} + y_2s_{22} \end{bmatrix}$

3. $\begin{bmatrix} y_1 & y_2 \end{bmatrix} \begin{bmatrix} x_1 \\ x_2 \end{bmatrix} = y_1x_1 + y_2x_2$

4. $\begin{bmatrix} x_1 \\ x_2 \end{bmatrix} \begin{bmatrix} y_1 & y_2 \end{bmatrix} = \begin{bmatrix} x_1y_1 & x_1y_2 \\ x_2y_1 & x_2y_2 \end{bmatrix}$

逆矩陣

$$\begin{bmatrix} s_{11} & s_{12} \\ s_{21} & s_{22} \end{bmatrix}^{-1} = \begin{bmatrix} \dfrac{s_{22}}{s_{11}s_{22} - s_{12}s_{21}} & \dfrac{-s_{12}}{s_{11}s_{22} - s_{12}s_{21}} \\ \dfrac{-s_{21}}{s_{11}s_{22} - s_{12}s_{21}} & \dfrac{s_{11}}{s_{11}s_{22} - s_{12}s_{21}} \end{bmatrix}$$

行列式

$$\begin{vmatrix} a & b \\ c & d \end{vmatrix} = ad - bc$$

■特徵值與特徵向量

對以下的共變異數矩陣 A 來說，

$$A = \begin{bmatrix} s_{11} & s_{12} \\ s_{21} & s_{22} \end{bmatrix}$$

滿足

$$\begin{bmatrix} s_{11} & s_{12} \\ s_{21} & s_{22} \end{bmatrix} \begin{bmatrix} a_1 \\ a_2 \end{bmatrix} = \lambda \begin{bmatrix} a_1 \\ a_2 \end{bmatrix}$$

的 λ 稱為 A 的特徵值，$\begin{bmatrix} a_1 \\ a_2 \end{bmatrix}$ 稱為 λ 對 A 的特徵向量。

試求以下的共變異數矩陣的特徵值與特徵向量。

$$\begin{bmatrix} 62.250 & 38.250 \\ 38.250 & 48.917 \end{bmatrix}$$

步骤 1：首先找出特徵值。

$$\begin{bmatrix} 62.250 & 38.250 \\ 38.250 & 48.917 \end{bmatrix} \begin{bmatrix} a_1 \\ a_2 \end{bmatrix} = \lambda \begin{bmatrix} a_1 \\ a_2 \end{bmatrix}$$

$$\begin{bmatrix} 62.250 - \lambda & 38.250 \\ 38.250 & 48.917 - \lambda \end{bmatrix} \begin{bmatrix} a_1 \\ a_2 \end{bmatrix} = \begin{bmatrix} 0 \\ 0 \end{bmatrix}$$

以下的行列式成為 0 的 λ 即為特徵值。

$$\begin{vmatrix} 62.250 - \lambda & 38.250 \\ 38.250 & 48.917 - \lambda \end{vmatrix} = 0$$

因此 2 次方程式

$$(62.250 - \lambda)(48.917 - \lambda) - 38.250 \times 38.250 = 0$$

的解是：

$$\lambda_1 = 94.910 \text{，} \lambda_2 = 16.757$$

特徵值有 2 個。

步驟 2：其次，求特徵值＝ 94.410 2 的特徵向量 $\begin{bmatrix} a_1 \\ a_2 \end{bmatrix}$。

$$\begin{bmatrix} 62.250 & 38.250 \\ 38.250 & 48.917 \end{bmatrix} \begin{bmatrix} a_1 \\ a_2 \end{bmatrix} = 94.410 \begin{bmatrix} a_1 \\ a_2 \end{bmatrix}$$

此矩陣的式子可以如下表現：

$$\begin{cases} 62.250a_1 + 38.250a_2 = 94.410a_1 \\ 38.250a_1 + 48.917a_2 = 94.410a_2 \end{cases}$$

此聯立方程式的解不定。因此，加上如下的條件，即特徵向量的大小＝ 1

$$\begin{cases} 62.250a_1 + 38.250a_2 = 94.410a_1 \\ a_1^2 + a_2^2 = 1 \end{cases}$$

解此聯立方程式時，即為：

$$a_1 = 0.7654 \text{，} a_2 = 0.6435$$

因此，特徵值 94.410 的特徵向量即為：

$$\begin{bmatrix} a_1 \\ a_2 \end{bmatrix} = \begin{bmatrix} 0.3654 \\ 0.6435 \end{bmatrix}$$

換言之：

$$\begin{bmatrix} 62.250 & 38.250 \\ 38.250 & 48.917 \end{bmatrix} \begin{bmatrix} 0.7654 \\ 0.6435 \end{bmatrix} = \begin{bmatrix} 72.260 \\ 60.755 \end{bmatrix}$$

$$94.410 \cdot \begin{bmatrix} 0.7654 \\ 0.6435 \end{bmatrix} = \begin{bmatrix} 72.260 \\ 60.755 \end{bmatrix}$$

第2章
多變量分析的準備

2-1 何謂多變量分析？

多變量分析是什麼？與其聽些曲高和寡的說明，不如先掌握它的概念。

請看下表，這是某一家便利商店的調查結果，前面 4 項的「品項齊全度」、「氣氛」、「接近性」、「寬闊感」是意見調查的結果，以 100 人為對象讓他們以○或 X 回答，然後紀錄○的人數。「銷售收入」是所得出的銷售實績。

■有關便利商店的意見調查結果

單位（萬元／週）

店名	品項齊全度	氣氛	接近性	寬闊感	銷售收入
1 號店	20	20	30	30	60
2 號店	15	25	25	15	45
3 號店	60	70	60	30	155
4 號店	70	50	60	40	130
5 號店	30	35	55	80	80
6 號店	50	85	85	80	210
7 號店	80	65	70	30	200
8 號店	30	65	75	80	185
9 號店	60	20	50	40	135
10 號店	25	25	50	25	55

此資料是針對各個樣本同時進行 5 項調查所得者，由此種數個項目（稱為變量）所構成的資料稱為多變量分析。

對此種多變量資料，如果毫無分析知識，要如何處理是會感到茫然的。像「7 號店的品項齊全度是 80，所以不錯」如此單純的分析任誰都會。可是「哪一個項目對哪一個項目有何種關聯」此種對工作有幫助而略為複雜的分析，就束手無策了。像「6 號店的銷售收入大」只是如此的一味單純的想法，那麼資料具有的 5 個項目（亦即 5 變量）的同時性、關聯性就會被捨棄了。

像「7 號店的品項齊全度佳」、「6 號店的銷售收入大」等單純分析，如下表是對多變量的個別資料分析。亦即與零零散散分析資料的情形是一樣的。

■特意的關聯資料也是雜亂無章的資料

店名	品項齊全
1 號店	20
2 號店	15
3 號店	60
4 號店	70
5 號店	30
6 號店	50
7 號店	80
8 號店	30
9 號店	60
10 號店	25

店名	銷售收入
1 號店	60
2 號店	45
3 號店	155
4 號店	130
5 號店	80
6 號店	210
7 號店	200
8 號店	185
9 號店	135
10 號店	55

　　最初所顯示的資料，很顯然是與此種單獨的調查法是不同的。針對資料之中的各個樣本，同時進行數個詢問。該處，照原來那樣雖然並未於表面露出端倪，但此等 5 個項目所牽動的「新資訊」必然隱藏其中。

如何用多變量分析解讀「新資訊」便是一門專業。

■解明相關的多變量分析

多變量分析是像這樣當同時得出數個變量（亦即多變量）時所使用的分析手法。進行此分析，即可解明數個變量間的關係（相關）。

雖然從包含數個項目的資料，探索其中所隱藏之關係的多變量分析，的確是方便的工具，可是卻有兩個大問題存在：

1. 需要複雜的數學知識。
2. 需要麻煩的計算作業。

很幸運的是，因個人電腦的進步，已具備了能簡單使用多變量分析的環境。如能利用 EXCEL 等的表計算軟體或專用的統計分析軟體，瞬間即可執行多變量分析。

基於此意，現代可說是多變量分析的時代，說得明白些，如能利用表計算軟體或專業的統計分析軟體時，即使欠缺令人頭疼的數學知識，只是形式上的分析也是可行的。

可是，如果未能先理解多變量分析的想法與原理，是無法適切解讀分析結果，並且會犯下想不到的分析失誤。本書是以提供它的基本知識作為目的。

第 2 章以後，將會調查多變量分析的想法及支援它的數學原理。

要專精多變量分析
1.實際的計算（委託個人電腦及軟體）。
2.理解分析的內容（先要理解的部分＝本書的目標）。

本章提供多變量分析所需的工具，像平均、變異數、共變異數等。任一者均是開啟多變量分析世界的重要工具，或許有些囉唆，仍要詳細解說。

具有統計學基本知識的讀者，即使跳過本章以下數節也無大礙。

小博士解說

　　在各種計量方法中，只針對單一變數進行分析的方法稱為「單變量分析」（univariate analysis，比如用直方圖去分析某班學生英語的期末成績的分布）；同時分析兩個變數的方法稱為「雙變量分析」（bivariate analysis），這類的分析方法很多，比如用關聯性分析（correlation）去探討中學生的身高與體重的關係；用簡單迴歸（simple regression）或 t-test 去比較小學生的身高有沒有因為性別（男女兩組）不同而不一樣；用 analysis of variance（ANOVA）去分析不同屬性醫院（營利、非營利與公立共三組）的經營績效是否有所不同，等等。

　　多變量分析（multivariate analysis）是泛指同時分析兩個以上變數的計量分析方法。在實際的情況中，我們所關心的某種現象通常不只跟另一個變數有關係，比如會影響醫院績效的變數不只是醫院的屬性而已，可能還與醫院本身的經營策略、醫院所在的地區、健保給付方式等有密切關係，因此多變量分析應該對實際的研究工作較有幫助。不過多變量分析的數統推論與運算過程比較複雜，如果要靠人去進行相當費時費工，但是在電腦時代，這些繁複運算便不成問題，因此多變量分析漸漸被廣泛運用。

　　多變量分析為統計學的一支，常用於管理科學、社會科學以及生命科學等領域中。多變量分析主要用於分析擁有多個變數的資料，探討資料彼此之間的關聯性或是釐清資料的結構，而有別於傳統統計方法所著重的參數估計以及假設檢定。

2-2 資料資訊縮減為平均與變異數(1)

本節是對平均與變異數進行調查。以具體例子來說，使用前節所例示的資料（下表）。

在此種資料中，如左端中的店名，表示數據名稱之項目稱為樣本名稱，並且「品項齊全」、「氣氛」等的項目稱為變量。所謂多變量分析的「多變量」是指項目（亦即變量）有 2 個以上。

■有關便利商店的意見調查結果

店名	品項齊全度	氣氛	接近性	寬闊感	銷售收入
1 號店	20	20	30	30	60
2 號店	15	25	25	15	45
3 號店	60	70	60	30	155
4 號店	70	50	60	40	130
5 號店	30	35	55	80	80
6 號店	50	85	85	80	210
7 號店	80	65	70	30	200
8 號店	30	65	75	80	185
9 號店	60	20	50	40	135
10 號店	25	25	50	25	55

資料給予後，想要分析什麼？首先，我們試著求出各項目（各變量）的平均數看看。一般人想要調查的是，所考慮的對象在資料之中是位處「同等」還是處於「上位」。關於此，必須要求出「平均」（也稱為平均值或平均數）。因此，首先就此平均調查看看。

■首先，試求平均

試考察如下有關變量 x 的數據。為了能一般性的討論，試利用 x_1、x_2... 、x_n 等記號。一般化的數據是像這樣表示：

數據號碼	變量 x
1	x_1
2	x_2
⋮	⋮
N	x_n

此時，變量 x 的平均數 $\bar{x}$ 即成為如下：

$$平均數\ \bar{x} = \frac{x_1 + x_2 + \cdots + x_n}{n}$$

此處 n 只是樣本數。在前面的表中以「銷售收入」的平均數為例來計算看看。

$$銷貨的平均\ \bar{x} = 60 + 45 + 155 + 130 + 80 + 210 + 200 + 185 + 135 + 55/10 = 125.5$$

平均是重要的數值，亦即知道平均此種標準之值，在數據分析中是不可或缺的。可是，要全部了解數據的分析，只有平均是不可能的。譬如，參看下節三個數據的平均全部均為 50，即使平均相同，數據的內容也是大為不同的。

2-3 資料資訊縮減為平均與變異數(2)

■平均雖相同但內容卻大不相同

表 A			表 B			表 C	

No.	x
1	50
2	50
3	50
4	50
5	50
6	50
7	50
8	50
9	50
10	50
平均	50

No.	x
1	60
2	45
3	50
4	30
5	60
6	50
7	40
8	45
9	70
10	50
平均	50

No.	x
1	20
2	45
3	50
4	95
5	80
6	55
7	5
8	15
9	50
10	85
平均	50

在此三個表 A 到 C 中，將數據的性質加上特徵的是「偏離平均的分散程度」。表 A 是具有與平均值相同的數據，以資料來說並不有趣。又表 B 的數據，偏離平均的分數程度小，相對地表 C 的數據相當偏離平均，分散的程度大。

■「分散的程度」是數據的特徵

表 A、B、C 三個表的平均均為 50，可是它們的變異即分散程度卻大為不同。

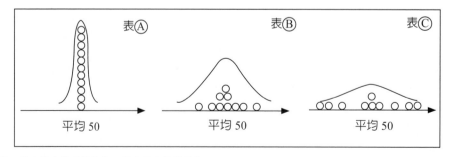

註：於各圖中所畫的曲線，是次數分配的圖像。

■變異數的定義

換言之，只取平均來觀察數據的特徵也是不得而知的，與其如此不如知道偏離平均之程度更爲重要。平均是 50.2 分或 56.3% 那樣，雖然用誰都可以理解的數字表示，但分散的程度是「大」或是「中」，卻不能充分斷言。因此，將分散的程度以數值表現著，在統計學稱爲變異數。至於它是如何數值化，則是「取與平均之差的平方，再求出其平均」。試在下表中定義變異數的式子。

數據號碼	變量 x
1	x_1
2	x_2
⋮	⋮
n	x_n

此表的變量 x 的變異數記成 $s^2{}_x$，可如下加以定義。

$$\text{變異數 } s^2{}_x = \frac{(x_1 - \bar{x})^2 + (x_2 - \bar{x})^2 + \cdots + (x_n - \bar{x})^2}{n-1}$$

註：本書中變異數的分母當作 $n-1$，有的書也有寫成 n。這是取決於它是調查全體之中的所有樣本或是調查全體而有所不同。在本書所調查的多變量分析中，採用任一者討論均相同。

亦即，在變異數 $s^2{}_x$ 的公式中相當於分子的

$$(x_1 - \bar{x})^2 + (x_2 - \bar{x})^2 + \cdots + (x_n - \bar{x})^2$$

稱爲變量 x 的偏差平方和，或稱變動。並且與平均之差 $x_1 - \bar{x}$、$x_2 - \bar{x}$、……、$(x_n - \bar{x})^2$ 稱爲偏差。

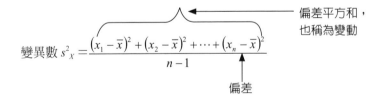

偏差平方和，也稱爲變動

偏差

$$\text{變異數 } s^2{}_x = \frac{(x_1 - \bar{x})^2 + (x_2 - \bar{x})^2 + \cdots + (x_n - \bar{x})^2}{n-1}$$

將每一個偏差（各數據與平均之差）之平方和再取平均即爲變異數，利用此即可將表 A～C 的分散程度予以數值化表示。

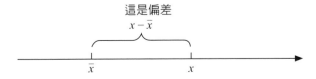

這是偏差
$x - \bar{x}$

2-4 資料資訊縮減為平均與變異數(3)

■調查變異數

亦即在前面所調查的便利商店資料中的「銷售收入」此變量（下表）中，調查變異數看看。

店名	銷售收入
1 號店	60
2 號店	45
3 號店	155
4 號店	130
5 號店	80
6 號店	210
7 號店	200
8 號店	185
9 號店	135
10 號店	55

從變異數的定義式，按照如下即可求出變異數（分散的程度）。

$$變異數\ s^2_{銷} = \frac{(60-125.5)^2 + (45-125.5)^2 + \cdots (55-125.5)^2}{10-1}$$

答案雖然可以簡單寫出，但計算也夠麻煩的。想使用 EXCEL 等理由也可由此窺知一二，它的作法容後敘述，此處先調查變異數的有趣性質。

將此表之數據值全部放大 2 倍看看，於是：

$$數據\ 2\ 倍後的變異數 = 2^2 \times 原先的數據的變異數$$

再 3 倍看看：

$$數據\ 3\ 倍後的變異數 = 3^2 \times 原先的數據的變異數$$

亦即，將原來的數據放大 n 倍時，變異數變成 n^2 倍。X 的變異數（Variance）在本書中是寫成 s^2_x，但也有寫成 V(X)，如利用此記號時，上述的關係可以如下一般化：

$$變異數\ V(nX) = n^2 V(X)$$

■何謂變異數的大小？

變異數並不亞於平均數，是非常重要的統計量。實際上，在多變量分析中的主角，與其說是平均數不如說是變異數，因為變異數是表現資料的資訊量。

試以先前調查的 3 個數據 A～C，確認它們的變異數看看。此等數據的平均全部都

是相同。首先請看表 A，所有的數據均與平均同值，這以資料來說相當乏味，有如向「螞蟻母體」實施意見調查的感覺。以統計資料來說，這是毫無價值可言的。

■變異數是表現資料的資訊量

表 A				表 B				表 C	
No.	x			No.	x			No.	x
1	50			1	60			1	20
2	50			2	45			2	45
3	50			3	50			3	50
4	50			4	30			4	95
5	50			5	60			5	80
6	50			6	50			6	55
7	50			7	40			7	5
8	50			8	45			8	15
9	50			9	70			9	50
10	50			10	50			10	85
平均	50			平均	50			平均	50
變異數	0			變異數	115			變異數	835

相對的像表 C 由偏離平均的分散大的樣本所構成的資料，好像是向富有個性的各種世界的人實施意見調查之資料，資訊的內容甚為豐富。

所謂變異數，曾說過是「表示偏離平均的分散程度的量」，因此分散程度較為豐富的資料，具有豐富的資訊量。

「變異數的平方根」稱為標準差。這也是統計學中經常使用的用語，要好好記住。變異數是以 s_x^2 表示，所以標準差是以 s_x 表示。

標準差的單位與數據相同。譬如，列舉本節最初所調查的「銷售收入」為例來看看吧。由變異數的定義式似乎可以理解，變異數是具有「元的平方」（亦即元^2）之單位，元^{2}或美元^{2}的意義並不清楚。但是，它的平方根即標準差具有「元」的單位。因此，標準差比變異數更能掌握「分散的平均」。

■標準差在印象上提供分配的寬度

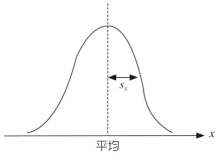

s_x

平均

x

> **小博士解說**
>
> 標準差的單位與數據相同。標準差比變異數更能掌握「分散的平均」，在使用上還是使用標準差會比較貼切。

2-5 單位不一致時數據的標準化

請看下表，這是針對 A 公司的 10 位員工調查其身高與體重的資料。

■ A 公司的身體檢查的數據

員工 NO.	身高	體重
1	170.5	63.0
2	166.7	65.2
3	175.5	61.5
4	158.6	59.0
5	174.5	63.8
6	180.5	57.0
7	176.6	66.0
8	170.1	56.5
9	178.3	61.5
10	169.4	63.0

只是觀察此資料，各個樣本（員工）在整體中的所在位置並不得而知。譬如，請看 NO.1 的員工資料，此人的身高在 10 位員工之中是屬於高的嗎？體重是屬於重的嗎？光是這樣看是不準確的。

因此，試著如下實施變換看看：

$$標準化\ Z = \frac{x - \bar{x}}{s_x} \qquad ①$$

s_x 是變量 x 的標準差（s_x^2 是變異數），$\bar{x}$ 是變量 x 的平均。①式的變換稱為數據的標準化。

由此定義可以理解以下事項：

1. Z 的平均是 0，變異數是 1。
2. Z 如為正，則比標準（基準）大，如為負即比標準小。
3. Z 的大小如比 1 大時，偏離標準較大。
4. 以各種單位所表現的資料間，能單純比較。

試確認以上所想整理的事項吧。試對前頁的表執行標準化看看。

■ A 公司的身體檢查資料（標準化後）

員工 NO.	標準化後的身高	標準化後的體重
1	−0.2	0.4
2	−0.8	1.1
3	0.5	0.0
4	−2.1	−0.8
5	0.4	0.7
6	1.3	−1.4
7	0.7	1.3
8	−0.3	−1.6
9	1.0	0.0
10	−0.4	0.4
平均	0.0	0.0
變異數	1.0	1.0

表的各數據之值是不具單位（稱爲無次元量），並且平均數是 0，變異數是 1。

如此一來，身高與體重在完全不同的世界中的比較即有可能。

試調查員工 NO.1 的數據，此人的身高是負、體重是正，因此身高比平均低、體重比平均重。亦即，瞬間即可了解此員工是「矮胖型」，相反的員工 NO.9 此人是屬於「瘦小型」。

標準化後，變量在不同的世界中比較即有可能！

2-6 提供2變量關係的共變異數與相關係數(1)

前述已調查了平均數與變異數，因此再次調查所列舉的資料（便利商店）看看。

■便利商店的意見調查結果

店名	品項齊全度	氣氛	接近性	寬闊感	銷售收入
1 號店	20	20	30	30	60
2 號店	15	25	25	15	45
3 號店	60	70	60	30	155
4 號店	70	50	60	40	130
5 號店	30	35	55	80	80
6 號店	50	85	85	80	210
7 號店	80	65	70	30	200
8 號店	30	65	75	80	185
9 號店	60	20	50	40	135
10 號店	25	25	50	25	55
平均	44	50	56	49	125.5
變異數	521.1	505.6	348.9	660.0	3891.

應注意的是不管平均也好，變異數也好，「是針對每一個變量之值」以此感到滿足是很困擾的。只是觀察它們的值，與分析如下零散的意見調查是一樣的。

店名	品項齊全
1 號店	20
2 號店	45
.	.
.	.
.	.
9 號店	60
10 號店	25

店名	品項齊全
1 號店	20
2 號店	25
.	.
.	.
.	.
9 號店	20
10 號店	25

店名	品項齊全
1 號店	60
2 號店	45
.	.
.	.
9 號店	135
10 號店	55

■共變異數是變量間的關聯指標

零散的資料與將它們合成後的資料有何不同呢？這是否能夠調查變量的關聯呢？譬如，列舉以下 3 人的意見調查為例吧。在零散的資料中，以下的 2 個是無法區別的。平均與變異數均相同。

■身高與體重的關係不明

姓名	身高
A	160
B	150
C	170

姓名	體重
A	60
B	50
C	70

無法區別 ←→

姓名	身高
A	160
B	150
C	170

姓名	體重
A	70
B	50
C	60

數據被重排

相對地，以下的資料，是不允許像上面的數據被重排。

姓名	身高	體重
A	160	60
B	150	50
C	170	70

　　多變量分析發揮威力是此種「不允許被重排的表」。像此種表，變量間的關聯資訊牢實地包含其內之緣故。

　　那麼變量間的關聯資訊要怎麼辦才能表現呢？以其代表性的指標來說，即為共變異數。

小博士解說

共變異數是將變異數一般化者

變量 x 的變異數是如下加以定義：

$$S_x^2 = \frac{(x_1 - \bar{x})^2 + (x_2 - \bar{x})^2 + \cdots + (x_n - \bar{x})^2}{n} \quad , n \text{ 是樣本數}$$

如下表示時，即成為共變異數：

$$S_{xx} = \frac{(x_1 - \bar{x})(x_1 - \bar{x}) + (x_2 - \bar{x})(x_2 - \bar{x}) + \cdots + (x_n - \bar{x})(x_n - \bar{x})}{n - 1}$$

2-7 提供2變量關係的共變異數與相關係數(2)

2個變量 x、y 的共變異數以記號 S_{xy} 表示。對下表來說，它是以如下加以定義：

NO.	x	y
1	x_1	y_1
2	x_2	y_2
$\vdots$	$\vdots$	$\vdots$
N	x_n	y_n

$$\text{共變異數 } S_{xy} = \frac{(x_1 - \bar{x})(y_1 - \bar{y}) + (x_2 - \bar{x})(y_2 - \bar{y}) + \cdots + (x_n - \bar{x})(y_n - \bar{y})}{n - 1}$$

為了調查共變異數的性質，請看以下的資料。這是有關員工的 4 個項目的調查結果。

將「身高」以 x、「體重」以 y、「營業成績」以 u、「遲到次數」以 v 表示。

■有關員工的各項目的調查結果

員工 NO.	身高（x）	體重（y）	營業成績（u）	遲到次數（v）
1	170.5	63.0	55	5
2	176.7	65.2	35	12
3	175.5	61.5	72	0
4	160.1	58.0	64	2
5	174.5	63.8	75	1
6	180.5	72.0	79	0
7	176.6	68.0	60	3
8	170.1	56.5	47	5
9	178.3	61.5	60	2
10	169.4	63.0	86	1

在這些項目（亦即變量）之中，試就「身高與體重」、「身高與營業成績」、「營業成績與遲到次數」3 組，製作如下頁的圖形（稱為相關圖），並且也記入共變異數之值。

■試製作相關圖看看

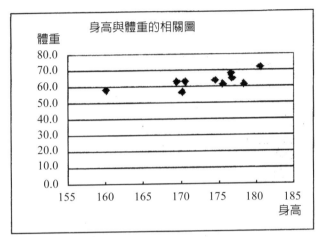

向右往上的分布

共變異數

$S_{xy} = 18.44$

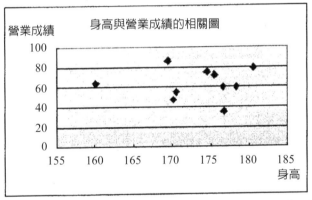

無規則的分布

共變異數

$S_{xy} = 0.02$

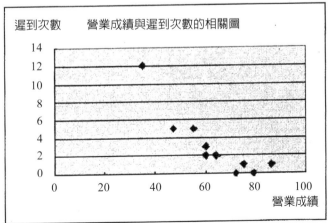

向右往下的分布

共變異數

$S_{xy} = -49.26$

2-8 提供2變量關係的共變異數與相關係數(3)

■共變異數與相關圖

試著著眼於「身高與體重」的相關圖，點形成向右上排列。身高高的人，體重大概也重，表現著如此理所當然的事項，此種關係稱為有正相關。請看此共變異數之值。

■向右上升的分布

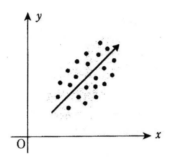

接著著眼於「身高與營業成績」的相關圖時，點的排列並無規則性。表現著身高高與營業成績佳並無關係，此種關係稱為無相關。請看此共變異數之值，它是極為接近0的值。亦即無相關時，共變異數接近0。

■無規則性的分布

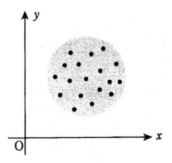

最後試著著眼於「營業成績與遲到次數」的相關圖，點形成向右下排列。營業成績佳者，大概遲到也少，表現如此的事項，此種關係稱為有負的相關。此共變異數之值是－49.26，形成負值。亦即當有負的相關時，共變異數取成負值。

■由左向下的分布

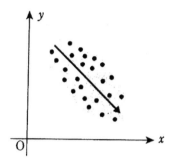

　　以上所調查的共變異數的性質甚為重要。調查 2 個變量間的關係時，像「遲到與失敗品的個數」、「年齡與成績」等，首先要調查共變異數之值，依其值的正負，瞬間即可了解 2 變量之間的關係。

■共變異數與相關係數

　　請再次觀察共變異數的定義吧！

$$共變異數\ S_{xy} = \frac{(x_1 - \bar{x})(y_1 - \bar{y}) + (x_2 - \bar{x})(y_2 - \bar{y}) + \cdots + (x_n - \bar{x})(y_n - \bar{y})}{n-1}$$

　　由此式似乎可知道，共變異數是受到數據單位的影響。譬如，身高是當作 1.72m 或當作 172cm 等，值出現甚大的不同。因之單位不同的 2 個資料之間，即無法比較共變異數之值。彌補此缺點的指標即為相關係數，2 個變量 x、y 的相關係數記為 r_{xy}，如下加以定義：

$$相關係數\ rxy = \frac{S_{xy}}{S_x S_y}$$

　　S_{xy} 是 2 變量 x、y 的共變異數，S_x、S_y 是各個變量 x、y 的標準差。像這樣定義的相關係數 r_{xy}，可以證明具有如下的性質：

$$-1 \le r_{xy} \le 1$$

2-9 提供2變量關係的共變異數與相關係數(4)

接續前述 r_{xy} 之值愈接近 1，正的相關愈強，愈接近 −1，負的相關愈強，並且，愈接近 0，即表示無相關。

順便一提，數據被標準化時，相關係數與共變異數一致，亦即：

$$r_{xy} = S_{XY}$$

標準化之後的數據共變異數是 1，因此標準差 S_x、S_y 也均是 1。

變異數與共變異數有整理成矩陣者，譬如就 3 個變量 x、y、z 來說，可用如下的矩陣加以整理：

$$變異數 \cdot 共變異數矩陣 (S) = \begin{bmatrix} S_x^{\,2} & S_{xy} & S_{xz} \\ S_{xy} & S_y^{\,2} & S_{yz} \\ S_{xz} & S_{yz} & S_z^{\,2} \end{bmatrix}$$

此矩陣 S 稱為變異數‧共變異數矩陣。

同樣，也有將相關矩陣以矩陣來整理者，譬如就 3 個變量 x、y、z 來說，可用如下的矩陣加以整理：

$$相關矩陣 (R) = \begin{bmatrix} 1 & \gamma_{xy} & \gamma_{xz} \\ \gamma_{xy} & 1 & \gamma_{yz} \\ \gamma_{xz} & \gamma_{yz} & 1 \end{bmatrix}$$

此矩陣 R 稱為相關矩陣。

變異數‧共變異數矩陣與相關矩陣，今後會經常出現。

附帶一提，進行變量的標準化時，由於變異數是 1，共變異數與相關係數一致，因之變異數‧共變異數矩陣 S 與相關矩陣 R 一致。

小博士解說

英文字母的意義

幾乎所有的書均利用共同的記號，像標準差以 S、相關係數以 r 表示。這些是利用英文字母的第一個字母的關係。如能記住英語時，即使出現 S 與 r，也能立即想出意義。本書請先記住以下 3 個英語吧，想必有助於理解。

記號	英語	國語
S	Standard deviation	標準差
$V = S^2$	Variance	變異數
R	Correlation ratio	相關比

	函數	意義
變異數	VAR VARP	所提供的數據看成樣本計算變異數 所提供的數據看成母體計算變異數
標準差	STDEV STDEVP	所提供的數據看成樣本計算標準差 所提供的數據看成母體計算標準差
共變異數	COVER	所提供的數據看成母體計算共變異數

由此表似乎可以了解，對於變異數與標準差來說，準備有 2 種函數，取決於將所提供的資料看成樣本或是看成母體，計算式是有所不同的。譬如 VAR 與 VARP 如下定義：

$$\text{VAR}(x_1 , \cdots , x_n) = \frac{(x_1 - \bar{x})^2 + (x_2 - \bar{x})^2 + \cdots + (x_n - \bar{x})^2}{n-1} \qquad ①$$

$$\text{VARP}(x_1 , \cdots , x_n) = \frac{(x_1 - \bar{x})^2 + (x_2 - \bar{x})^2 + \cdots + (x_n - \bar{x})^2}{n} \qquad ②$$

但是，求共變異數的函數只有 1 個以如下加以定義：

$$\text{COVER}(x_1 , \cdots , x_n , y_1 , \cdots , y_n)$$
$$= \frac{(x_1 - \bar{x})(y_1 - \bar{y}) + (x_2 - \bar{x})(y_2 - \bar{y}) + \cdots + (x_n - \bar{x})(y_n - \bar{y})}{n-1}$$

因此利用 EXCEL 進行多變量分析的計算時，需要注意。想求變異數與共變異數時，如果成對利用 VARP 與 COVER 時雖無問題（均看成母體，但成對利用 VARP 與 COVER 時，由於前者是將數據看成樣本，後者是將數據看成母體，因之計算過程也不同，結果就不一致。當數據數非常大時，n 與 n－1 之差異幾乎不會有影響，但數據數少時，n 與 n－1 之差異是會有影響，所以要注意。）。

此處，順便確認樣本與母體吧。

統計上的調查，有將作為對象的整個群體毫無遺漏的進行調查的全數調查，以及從中抽取一部分進行調查的抽樣調查，此時整個群體稱為母體，所取出的一部分元素稱為樣本。

以全數調查的例子來說有國勢調查，一般是要花費龐大的費用與時間。因此平常的統計調查是利用樣本調查，譬如工廠生產中的抽樣調查，或選舉時的事前調查即是。

註：本書中，所提供的數據視為樣本。

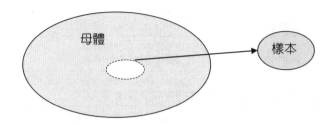

問題點是，由樣本所得到的平均數與變異數等，是否與母體的平均數與變異數一致呢？當然無法保證一致。因此使用估計的操作，由樣本所得出的統計量推測母體的母數。

有趣的是，就②式的樣本變異數來說，針對樣本數相同的所有樣本取「平均」時，其值與母體的變異數不一致，但是就①式所得到的樣本變異數來說，針對所有的樣本取「平均」時，其值與母體的變異數一致。這是利用①式的理由。

像這樣有關樣本之平均，與母體之值一致的統計量稱為不偏估計量。

可利用估計，由樣本得出的統計量來推測母體的母數！

小博士解說

以EXCEL求變異數、共變異數時的注意點

研究室中利用所需的表計算軟體 EXCEL，即可計算多變量分析中所需的量。因此試調查可求變異數、共變異數的函數看看。

Note

2-10常態分配是許多分配的基準

　　許多的公司在春秋兩季會進行員工的身體檢查，因之得出了如下身高的次數分配表。請看一下它的數據吧。

■ A公司的健康檢查的數據

身高	人數
150～155	1
155～160	4
160～165	8
165～170	12
170～175	13
175～180	7
180～185	2

　　將此以圖形表示時，即為如下的直方圖。

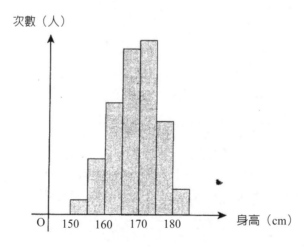

　　此直方圖的數據數一改變時，高度即改變，資料間的比較變得困難。因此採用將次數除以總次數後之值當作縱軸（稱此為相對次數），並且將直方圖的概略形狀換成近似的曲線看看，此稱為次數分配。

■以相對次數表示圖形時數據數不同的資料比較也就較為容易。

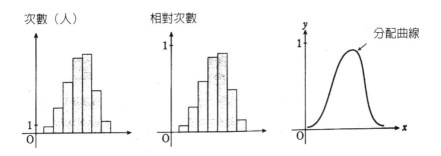

次數（人）　　　相對次數　　　　　　分配曲線

在分配的曲線之中，有較具代表的形狀，此稱為常態分配。此以下式表示：

$$常態分配\ f(x) = \frac{1}{\sqrt{2\pi}\,s}e^{\frac{-(x-\bar{x})^2}{2s^2}}$$

式子甚為驚人，但每一個記號的意義卻很熟悉。首先 s 是變量 x 的標準差，$\bar{x}$ 是變量的平均。

此分配的形狀，形成如下的釣鐘型。

■常態分配的形狀，形成如下的釣鐘型

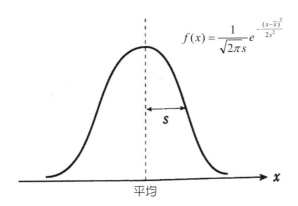

$$f(x) = \frac{1}{\sqrt{2\pi}\,s}e^{-\frac{(x-\bar{x})^2}{2s^2}}$$

平均

如此圖所記入的那樣，標準差 s 是表示圖中腹的寬度。前面曾提及「標準差＝數據分散的平均」，觀此圖的 s（標準差）的位置時，的確有「分散的平均」之感覺。

2-11利用EXCEL的多變量分析(1)

　　進行多變量分析，按理說是推薦專用的統計分析軟體。多變量分析在數學的世界中是活用稱為「矩陣」的知識。將計算使用算盤或電算機以手動進行並不實際，誠如「辦事要靠內行」委託專用的軟體，人的頭腦是要用在充分斟酌它的結果。

　　可是，專用的軟體並非任何人都擁有，即使是經營人士使用的 EXCEL，它也具有標準式的機能，利用它仍可進行某種程度的多變量分析。

　　以 EXCEL 進行多變量分析時，有需要注意以下 4 者：
1. 統計函數的利用法。
2. 分析工具的利用法。
3. 矩陣的計算法。
4. 矩陣的特徵值的求法。

　　立刻依序去調查看看。

■統計函數的利用法

　　如前節中所說明的那樣，EXCEL 準備有統計分析用的函數。

　　如能利用它，即可簡單計算平均、變異數、共變異數。較具代表者整理如下。

函數	意義
AVERAGE	計算平均
DEVSQ	計算偏差平方和
VAR	將所提供的數據視為樣本計算變異數
VARP	將所提供的數據視為母體計算變異數
STDEV	將所提供的數據視為樣本計算標準差
STDEVP	將所提供的數據視為母體計算標準差
COVER	將所提供的數據視為母體計算共變異數
CORREL	計算相關係數

■分析工具的利用法

　　「非常喜歡個人電腦」的人，即使是前述 1. 的手法也行。可是 1. 的情形像「函數」或「引數」等顯得有些麻煩。因此筆者的建議是 EXCEL 的「分析工具」。這是選取「工具清單」的「分析工具」即可使用。

　　它比利用 1. 的函數，更能快速的求出變異數 · 共變異數矩陣與相關矩陣。下圖是求變異數 · 共變異數矩陣的情形：

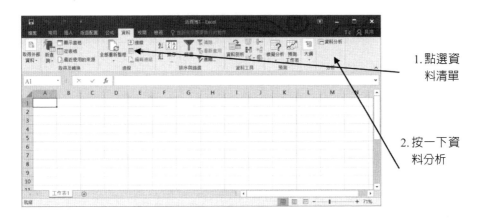

1. 點選資料清單

2. 按一下資料分析

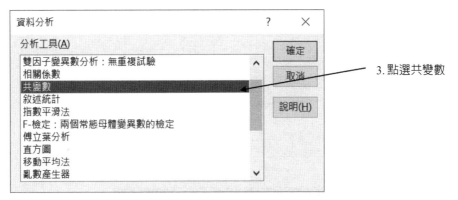

3. 點選共變數

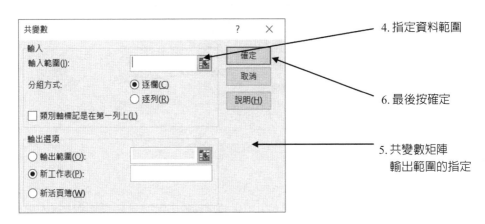

4. 指定資料範圍

6. 最後按確定

5. 共變數矩陣輸出範圍的指定

註：「資料清單」中無「資料分析」工具時，於資料的任一窗格中按右鍵從「自訂快速選取工具列」中選取「增益集」，在所顯示的對話框中勾選「分析工具箱」即可。

2-12利用EXCEL的多變量分析(2)

■ 矩陣的計算法

實際進行多變量分析的計算時，矩陣的計算必定是不可或缺的。

EXCEL 準備有計算矩陣所需的函數，此處以多變量分析常用的 2 階矩陣的乘積與逆矩陣的求法考察看看。

1.2階矩陣之乘積的求法

點選「插入」清單中的「函數」，在出現的對話框中選取「MMULT」。關於此，請按如下的步驟進行。

以 EXCEL 求 2 階矩陣之乘積的步驟：

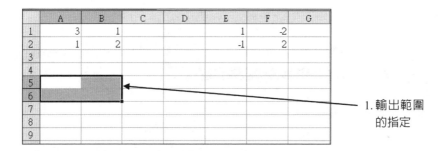

1. 輸出範圍的指定

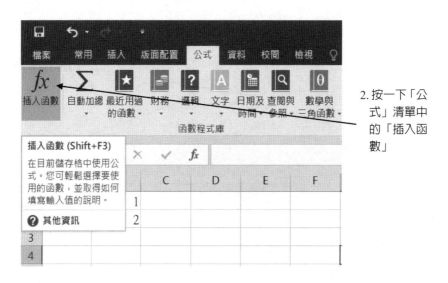

2. 按一下「公式」清單中的「插入函數」

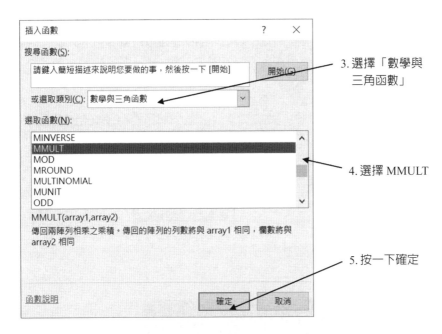

3. 選擇「數學與
三角函數」

4. 選擇 MMULT

5. 按一下確定

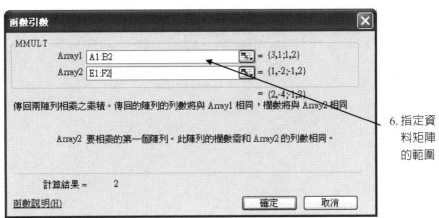

6. 指定資
料矩陣
的範圍

→ 7. 按 Shift+Ctrl+Enter

	A	B	C	D	E	F	G
1	3	1			1	-2	
2	1	2			-1	2	
3							
4							
5	2	-4					
6	-1	2					
7							
8							

8. 得出輸
出結果

2. 逆矩陣的求法

　　點選「插入」清單中的「函數」，在出現的對話框中選取「MINVERSE」。關於此，請按如下的步驟進行。

　　以 EXCEL 求逆矩陣之積的步驟：

1. 輸出範圍的指定

2. 按一下「公式」
　 清單中的「插入
　 函數」

3. 選擇
MINVERSE

4. 指定資料
矩陣的範圍

→ 5. 按 Shift+Ctrl+Enter

6. 得出輸
出結果

2-13利用EXCEL的多變量分析(3)

■ 矩陣的特徵值求法

多變量分析中經常出現求矩陣的特徵值與特徵向量的場面。所謂方陣 A 的特徵值、特徵向量，是指滿足以下關係的值 λ 與向量 X（不等於 0）（參考附錄 4）。

$$AX = \lambda X \qquad ①$$

譬如，$A = \begin{bmatrix} 2 & 1 \\ 1 & 2 \end{bmatrix}$ 時，特徵向量以 $X = \begin{bmatrix} x \\ y \end{bmatrix}$ 表示時，此方程式能以以下的成分來表現（x、y 不可均為 0）。

$$\begin{bmatrix} 2 & 1 \\ 1 & 2 \end{bmatrix} \begin{bmatrix} x \\ y \end{bmatrix} = \lambda \begin{bmatrix} x \\ y \end{bmatrix} \qquad ②$$

特徵值與特徵向量的近似解，如利用累乘法時要略為花時間，但可求出。試使用上例考察它的方法看看。

累乘法是首先假定適當的向量，譬如假設為：

$$X_0 = \begin{bmatrix} 1 \\ 2 \end{bmatrix}$$

接著將矩陣 A 乘上所假定的 X_0

$$\begin{aligned} X_1 &= AX_0 \\ X_2 &= AX_1 = A_2X_0 \\ &\vdots \\ X_6 &= AX_5 = A_6X_0 \end{aligned} \qquad ③$$

此處如果 X_5 與 X_6（近似）平行，亦即

$$X_6 = \lambda X_5 \qquad ④$$

依③式，成立如下的關係式：

$$AX_5 = \lambda X_5$$

將此與①的 $AX = \lambda X$ 比較看看，顯示 X_5 即為特徵向量，並且 λ 即為特徵值。

以上是累乘法的原理。在剛才的說明中，假定④是近似地成立，近似到何種地步是問題所在，但本書說明計算手法並非目的，因之不打算深入考察。有關矩陣的運算，請參考《矩陣・行列式使用手冊》一書。

那麼使用例子執行上面的步驟看看。

■累乘法的執行例

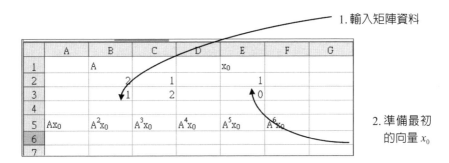

1. 輸入矩陣資料

2. 準備最初的向量 x_0

	A	B	C	D	E	F	G
1		A			x_0		
2		2	1		1		
3		1	2		0		
4							
5	Ax_0	A^2x_0	A^3x_0	A^4x_0	A^5x_0	A^6x_0	
6	2						
7	1						
8							
9							

3. 計算 Ax_0

	A	B	C	D	E	F	G
1		A			x_0		
2		2	1		1		
3		1	2		0		
4							
5	Ax_0	A^2x_0	A^3x_0	A^4x_0	A^5x_0	A^6x_0	
6	2	5					
7	1	4					
8							
9							

4. 計算
$$A(Ax_0) = A^2x_0$$

	A	B	C	D	E	F	G
1		A			x_0		
2		2	1		1		
3		1	2		0		
4							
5	Ax_0	A^2x_0	A^3x_0	A^4x_0	A^5x_0	A^6x_0	
6	2	5	14	41	122	365	
7	1	4	13	40	121	364	
8							
9							

5. 以下同樣計算

由以上的計算，近似地成立著如下的關係：

$$X_6 = 3X_5$$

此相當於④式。因之，得出特徵值 3 與特徵向量

$$A^5 X_0 = \begin{bmatrix} 122 \\ 121 \end{bmatrix}$$

註：此處，乘 6 次得出不錯的近似。一般而言，有比此大的情形，也有比此小的情形。

數學上求解②時，特徵值是 3，特徵向量是

$$\begin{bmatrix} 122 \\ 121 \end{bmatrix}$$

知是不錯的近似。

註：特徵向量的大小，如未加上條件是不確定的。此處為了容易看已有調整。

累乘法對稱為對稱矩陣的矩陣是有效的。所謂對稱矩陣是以對角線上的數據為軸，上下的數值形成對稱的矩陣。目前的例子是如此，多變量分析中所出現的矩陣幾乎是對稱矩陣，所以此累乘法是非常有幫助的。

必須注意的是，特徵值與特徵向量通常有數個。利用此處所說明的累乘法所求出的是最大的特徵值。想要求出其他所有的解，需要一些技巧，以 EXCEL 進行並不實際。如想調查時，需要有多變量分析所需的統計軟體吧。

數學軟體有 MATLAB，統計軟體有 SPSS、SAS 等。

第3章
複迴歸分析

3-1 由其他變量預測1變量的複迴歸分析

在多變量分析之中最有名的是複迴歸分析，由於是容易理解的分析法，因之可在各種範疇中加以利用。簡單地論及此複迴歸分析時，即可如下說明：在由數個變量所構成的資料中，將特定的變量以剩餘的變量的 1 次式來進行預測的分析法。

此 1 次式稱爲迴歸方程式，並且特定的變量稱爲目的變量（也稱爲基準變量），其他的變量則稱爲說明變量。

試觀察銷售公司 B 各地域的宣傳費、營業員人數以及銷售收入的資料吧。

■銷售公司 B 的資料

營業所號碼	宣傳費	營業員人數	銷售收入
1	5.5	12	73
2	4.5	9	59
3	4.1	8	56
4	3.5	6	31
5	2.5	5	28
6	2.3	6	31
7	2.7	5	30
8	2.8	4	25

單位：百萬元　單位：人　單位：千萬元

如果能由宣傳費與營業員人數預估銷售收入的增減時，對經營者來說是最好不過的，因爲有助於判斷要花多少的宣傳費才能獲得多少的效果（營業收入）或要僱用多少營業員才可使銷售收入成長。實際上，如利用下節所述的想法時，即可製作如下的關係式，亦即迴歸方程式。

$$銷售收入 = 4.69 \times 宣傳費 + 4.83 \times 營業員人數 - 8.00$$

此時目的變量是「銷售收入」，說明變量是「宣傳費」、「營業員人數」。
譬如試計算第 1 家營業所的銷售收入看看：

$$銷售收入 = 4.69 \times 5.5 + 4.83 \times 12 - 8.00 = 75.5$$

得出與實際的銷售收入值甚爲接近之值。

■放入 x、u 即可自動求出 y

上述的迴歸方程式如果正確的話,即可進行入下的分析。亦即宣傳費提高 100 萬元時,銷售收入提高 4690 萬元。營業員人數每增加 1 人時,銷售收入提高 4830 萬元。宣傳費 100 萬元與營業員 1 人,對銷售收入來說幾乎可以提高相同的效果。

像這樣如可得出適切的迴歸方程式時,對資料分析即可期待甚大的效果。以下幾節,試考察如何求出此迴歸方程式吧!

小博士解說

為何稱為「迴歸」?

複迴歸分析的「迴歸」這句話,可以說是來自於 19 世紀後半英國的生物學家高爾頓的論文中,高爾頓調查父子的身高的關係中,主張「身高的變異,每經過一個世代會「迴歸」到父親的平均。在其研究之中,利用了複迴歸分析的手法。目前的複迴歸分析雖然已從高爾頓的論文大為擴張,但只有「迴歸」這句話仍持續在使用著。

3-2 由1變量預測1變量的單迴歸分析(1)

　　在考察複迴歸分析之前，試考察稱為單迴歸分析的方法吧。這是被用在如下表由 2 個變量所構成的資料分析中，此處目的變量是「銷售收入」，說明變量是「宣傳費」。

■銷售公司 B 的各營業所的宣傳費與銷售收入

營業所	宣傳費（x）	銷售收入（y）
1	5.5	73
2	4.5	59
3	4.1	56
4	3.5	31
5	2.5	28
6	2.3	31
7	2.7	30
8	2.8	25

　　為了表示成式子，將宣傳費以 x、銷售收入以 y 的變量名稱來表示。單迴歸分析的目標，是高明地將 y 以 x 的一次式來表示，即：

$$ax + b\,(a \cdot b\ 是常數)$$

本表中將目的變量 y 的預測量 $ax + b$ 以 Y 表示，亦即如下表現：

$$Y = ax + b \qquad ①$$

註：如第 1 節所考察的那樣，將①式稱為迴歸方程式，以迴歸方程式所得到的目的變量之值稱為預測值，使用大字母 Y 當作變數名稱。又資料中的實際之值稱為實測值，使用小字母 y 當作變數名稱。

　　從分析的意義來看，預測值 Y 必須是目的變量 y 的最佳近似。試以相關圖調查預測值 Y 是目的變量 y 的最佳近似之意吧。如下圖將宣傳費當作 x 座標、銷售收入當作 y 座標，進行描點。

　　目標是找出一條直線①「能最佳適配這些點」。具體言之，為了能好好適配這些點，調整及決定方程式①的常數 a、b 即為目標。

■求迴歸方程式的技法 (1)──最小平方法

　　立刻找出此直線看看，所利用的是數學上稱為最小平方法的記法。請看下圖這是在上面的分配圖中畫出假想的「最佳適配」的直線。

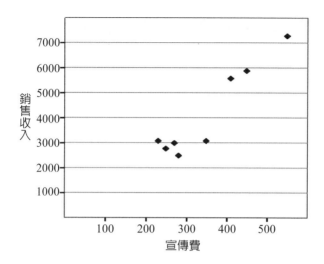

■考察「最佳適配」這些點的直線

圖中所表示的 ε_1、ε_2 等，是表示銷售收入的實際值 y_1、y_2, ……與由迴歸方程式 j 所得到的預測值 $Y_1 = ax_1 + b$、$Y_2 = ax_2 + b$…之差，將此稱為殘差。譬如對第 i 家營業所來說，此殘差可以寫成如下。

$$殘差\ \varepsilon_i = y_i - Y_i = y_i - (a + bx_i) \qquad ②$$

換言之，殘差 ε_i 是預測值與實際值之誤差。

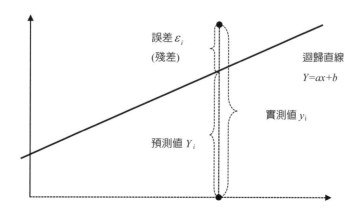

3-3 由1變量預測1變量的單迴歸分析(2)

接續前節，迴歸方程式①要適切地表現實際的銷售收入，殘差 ε_1、ε_2 …有需要盡可能地小。可是殘差 ε_1、ε_2 …是呈現正負的零散之值，因之在「盡可能地小」的表現上也需要下功夫才行。因此，想到的點子是如下的 Q 值，此 Q 稱為殘差平方和。

$$殘差平方和 \ Q = \varepsilon_2^1 + \varepsilon_2^2 + \varepsilon_3^2 + \cdots \qquad ③$$

為了使此 Q 為最小，此即找出迴歸方程式①，亦即：

$$Y = ax + b$$

中的係數 a、b，此種想法稱為最小平方法。

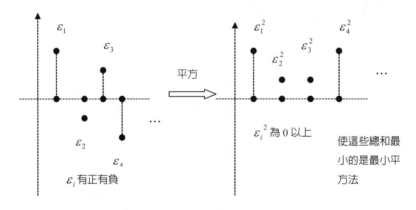

將上面的③式代入②式時：

$$Q = (y_1 - ax_1 - b)^2 + (y_2 - ax^2 - b)^2 + \cdots \qquad ④$$

目標是求出使此 Q 為最小的 a、b。

■求迴歸方程式的技法 (2)──極值條件

為了求 Q 的最小條件，所利用的是極值條件，亦即使 Q 為最小的 a、b 要滿足以下方程式，是數學上所熟知的（參照附錄 1）。

$$\frac{\partial Q}{\partial a} = -2x_1(y_1 - ax_1 - b) - 2x_2(y_2 - ax_2 - b) - \cdots = 0 \qquad ⑤$$

$$\frac{\partial Q}{\partial b} = -2(y_1 - ax_1 - b) - 2(y_2 - ax_2 - b) - \cdots = 0 \qquad ⑥$$

將含有 a、b 的項加以整理時⑤、⑥分別成為如下：

$$(x_1y_1 + x_2y_2 + \cdots) - a(x_1^2 + x_2^2 + \cdots) - b(x_1 + x_2 + \cdots) = 0 \qquad ⑦$$

$$(y_1 + y_2 + \cdots) - a(x_1 + x_2 + \cdots) - nb = 0 \qquad ⑧$$

■谷底是 $\frac{\partial Q}{\partial a} = 0$、$\frac{\partial Q}{\partial b} = 0$

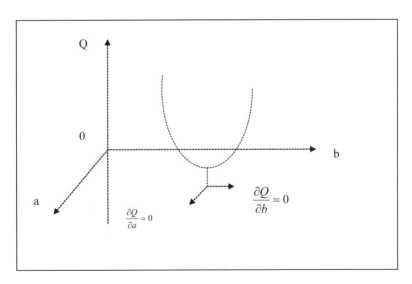

此處，n 即數據數。以目前的例子來說，營業所的家數 8 是 n 的實際之值，但為了使之一般化當作 n。

接著，若能從表中之值求出⑦、⑧括號中之和時，即可得出 a、b 的聯立方程式。實際上，以目前所考察的營業所的表示看時⑦、⑧的括號中之和，分別成為如下：

$$x_1y_1 + x_2y_2 + \cdots = 1297.4 \ 、\ x_1^2 + x_2^2 + \cdots = 106.2$$

$$x_1 + x_2 + \cdots = 27.9 \ 、\ y_1 + y_2 + \cdots = 333$$

3-4 由1變量預測1變量的單迴歸分析(3)

接續前述將這些代入⑦、⑧式時，得出以下的聯立方程式。

$$106.2a + 27.96 = 1297.4$$
$$27.9a + 86 = 333$$

目標是找出一條直線①能「最佳適配這些點」。具體言之，為了能好好適配這些點，調整及決定方程式①的常數 a、b 即為目標。

求解聯立方程式可求出 a、b，因之迴歸方程式可得出如下：

$$Y = 15.2x - 11.5$$

試將此畫入相關圖中，理論的正確性，可從視覺上理解。

銷售收入 = −11.52 + 15.24 ＊宣傳費
R- 平方 = 0.90

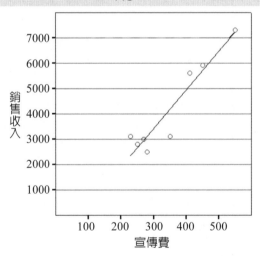

以上是利用最小平方和的單迴歸分析的概要，它是採用預測值與實際值之誤差的平方和為最小的原理進行計算，此方法是複迴歸分析的基本技法。

■以變異數、共變異數表示迴歸方程式

以統計分析所使用的用語表示以上的結果看看，請看下式：

$$(y_1 + y_2 + \cdots) - a(x_1 + x_2 + \cdots) - nb = 0 \qquad ⑨$$

兩邊除以 n

$$\frac{y_1 + y_2 + \cdots}{n} - a\frac{x_1 + x_2 + \cdots}{n} - b = 0$$

式中分數之值即為變量 y、x 的平均。

$$\bar{y} = \frac{y_1 + y_2 + \cdots}{n} \quad 、 \quad \bar{x} = \frac{x_1 + x_2 + \cdots}{n}$$

將此代入上面的⑨式再整理時，即可寫成如下：

$$\bar{y} = a\bar{x} + b \qquad ⑩$$

這表示變量的平均位在迴歸直線上。

統計學的「平均」以物理的方式來說即為分配的「重心」。如利用此物理上的概念，則⑩的關係式表現「迴歸直線通過分配外觀的重心」。

3-5 由1變量預測1變量的單迴歸分析(4)

■迴歸直線通過分配的中心（亦即重心）

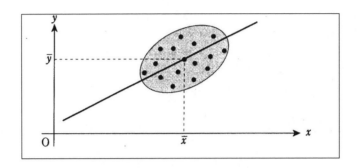

由⑩式求 b 看看：

$$b = \overline{y} - a\overline{x} \tag{⑪}$$

將此代入殘差平方和 Q 的④式，亦即代入下式看看：

$$Q = (y_1 - ax_1 - b)^2 + (y_2 - ax_2 - b)^2 + \cdots \tag{④}$$

於是

$$Q = \left\{y_1 - ax_1 - (\overline{y} - a\overline{x})\right\}^2 + \left\{y_2 - ax_2 - (\overline{y} - a\overline{x})\right\}^2 + \cdots$$
$$= \left\{(y_1 - \overline{y}) - a(x_1 - \overline{x})\right\}^2 + \left\{(y_2 - \overline{y}) - a(x_2 - \overline{x})\right\}^2 + \cdots$$

當此 Q 成為最小時，下式成立：

$$\frac{\partial Q}{\partial a} = -2(x_1 - \overline{x})\left\{(y_1 - \overline{y}) - a(x_1 - \overline{x})\right\}$$
$$-2(x_2 - \overline{x})\left\{(y_2 - \overline{y}) - a(x_2 - \overline{x})\right\} - \cdots = 0$$

展開並整理看看：

$$\left\{(x_1 - \overline{x})(y_1 - \overline{y}) + (x_2 - \overline{x})(y_2 - \overline{y}) + \cdots\right\} - a\left\{(x_1 - \overline{x})^2 + (x_2 - \overline{x})^2 + \cdots\right\} = 0 \tag{⑫}$$

有趣的是，兩邊除以 $n - 1$(n 是數據數) 時，{ } 之中分別是共變異數 S_{xy}、變異數 S_x^2（第 1 章）。

$$S_{xy} = \frac{1}{n-1}\left\{(x_1 - \overline{x})(y_1 - \overline{y}) + (x_2 - \overline{x})(y_2 - \overline{y}) + \cdots\right\}$$

$$S_x^2 = \frac{1}{n-1}\left\{(x_1 - \overline{x})^2 + (x_2 - \overline{x})^2 + \cdots\right\}$$

將這些代入⑫式，就 a 求解時即為如下：

$$S_{xy} - aS_x^2 = 0 \quad \therefore a = \frac{S_{xy}}{S_x^2} \tag{⑬}$$

結果變得整潔多了！將殘差平方和進行最小化的操作時，不知不覺結成了變異數、共變異數的統計上的果實了！

組合⑫、⑬時，迴歸方程式即可以統計分析的用語來表現，亦即以共變異數 S_{xy}、變異數 S_x^2 寫出迴歸方程式時即為如下：

$$y = \frac{S_{xy}}{S_x^2}x + \left(\overline{y} - \frac{S_{xy}}{S_x^2}\overline{x}\right)$$

如此的整理，成為下頁要考察之複迴歸分析的基礎。

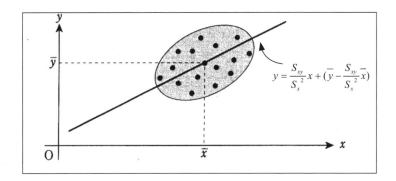

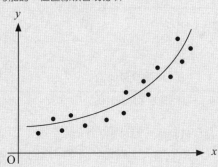

小博士解說

利用曲線表示之迴歸

　將 2 變量的一方，用另一方的一次式來表示，實在是很粗略的方法。實際上，如將迴歸方程式「過度」延長時，一般無法得出最佳近似。可是由於是 1 次式，所以好處甚大。數學上處理容易，分析也容易之緣故。

　雖然以曲線近似也是可能的，但直線較容易分析。

3-6 使誤差的平方和為最小的複迴歸分析(1)

如前述所考察的那樣，在所給予的資料中，將特定的 1 變量以其餘變量的 1 次式來預測即為複迴歸分析。此 1 次式稱為迴歸方程式，並且特定的 1 變量稱為目的變量，其餘的變量稱為說明變量。

說明變量只有 1 個時，將別稱為單迴歸分析，關於此已於前面有過考察，複迴歸分析基本上也同樣討論。此處一面調查說明變量之個數是 2 個的情形，一面就複迴歸分析進行考察看看。具體例子是列舉第 1 節中所表示的如下資料。

■銷售公司 B 的資料

營業所	宣傳費	營業員人數	銷售收入
1	5.5	12	73
2	4.5	9	59
3	4.1	8	56
4	3.5	6	31
5	2.5	5	28
6	2.3	6	31
7	2.7	5	30
8	2.8	4	25

此處，說明變量是「宣傳費」與「營業員人數」。將這些分別以 x、u 表示，目的變量是「銷售收入」，以 y 表示。如此一來，複迴歸分析的目標即是高明地將目的變量 y 以說明變量 x、u 的 1 次式來表現：

$$Y = ax + bu + c \ (a \cdot b \cdot c \text{ 為係數})\tag{①}$$

此①式即為迴歸方程式，又係數 a、b 稱為偏迴歸係數。

$$Y = ax + bu + c$$

Y 預測值　　　a、b 偏迴歸係數

註：本書中，實測值以小字母 y，由①所得出的預測值以大字母 Y 表示。

■求偏迴歸係數的方法 (1)——最小平方法

為了求偏迴歸係數，先將上方的表一般化，請看下頁的表，此表中請理解 x_i、u_i、y_i 等的記號。足碼 i 是表示營業所號碼，並且樣本數當作 n。

■一般化後的數據

數據號碼	x	u	y	預測值（$Y = ax + bu + c$）
1	x_1	u_1	y_1	$ax_1 + bu_1 + c$
2	x_2	u_2	y_2	$ax_2 + bu_2 + c$
⋮	⋮	⋮	⋮	⋮
i	x_i	u_i	y_i	$ax_i + bu_i + c$
⋮	⋮	⋮	⋮	⋮
n	x_n	u_n	y_n	$ax_n + bu_n + c$

　　目標是將目的變量的實測值 y_i 與表右端的預測值 $Y_i = ax_i + bu_i + c$ 之差，以整體而言使之最小，因此所要利用的是前面所考察的最小平方法。

　　因之，如之前所考察的那樣來說明。首先將實測值 Y_i 與預測值 $Y_i = ax_i + bu_i + c$ 之誤差（稱為殘差）設為 ε_i。

■實測值 y_i 與預測值 Y_i 的殘差

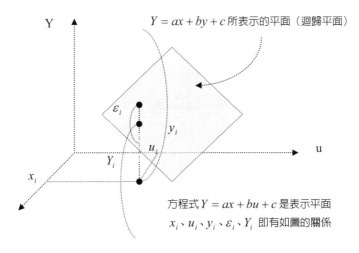

方程式 $Y = ax + bu + c$ 是表示平面
x_i、u_i、y_i、ε_i、Y_i 即有如圖的關係

$$\varepsilon_i = y_i - Y_i = y_i - (ax_i + bu_i + c)$$

　　此殘差 ε_i 的值有正也有負，因此將殘差平方和使之最小，即為設法使以下之值 Q 為最小，此即為所謂最小平方法的本質。

$$Q = \varepsilon_1^{\,2} + \varepsilon_2^{\,2} + \cdots + \varepsilon_n^{\,2}$$

此處，n 表數據的個數。

3-7 使誤差的平方和為最小的複迴歸分析(2)

■使火柴棒的長度的平方和為最小即為最小平方和

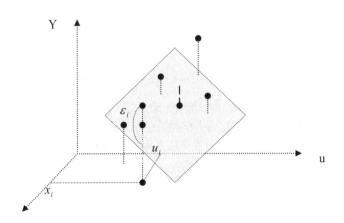

　　像這樣有了方法時，往後就委託給數學了。首先，使用前面提及的迴歸方程式①亦即：

$$Y = ax + bu + c \qquad \qquad ①$$

具體地寫出 Q 吧！

$$Q = \left\{y_1 - (ax_1 + bu_1 + c)\right\}^2 + \left\{y_2 - (ax_2 + bu_2 + c)\right\}^2 + \cdots + \left\{y_n - (ax_n + bu_n + c)\right\}^2$$

■求偏迴歸係數的方法 (2) —— 極值條件

　　目標是在 Q 為最小之下決定①式的偏迴歸係數 a、b 及常數項 c。首先針對 c 利用極值條件（參照附錄 1）：

$$\frac{\partial Q}{\partial c} = -2(y_1 - ax_1 - bu_1 - c) - 2(y_2 - ax_2 - bu_2 - c) - \cdots = 0$$

滿足

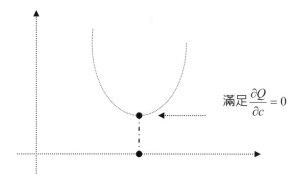

滿足 $\dfrac{\partial Q}{\partial c} = 0$

試將此整理看看：

$$(y_1 + y_2 + \cdots) - a(x_1 + x_2 + \cdots) - b(u_1 + u_2 + \cdots) - nc = 0$$

兩邊除以 n 得出如下：

$$\frac{y_1 + y_2 + \cdots + y_n}{n} - a\frac{x_1 + x_2 + \cdots + x_n}{n} - b\frac{u_1 + u_2 + \cdots + u_n}{n} - c = 0$$

各分數是表示變量 x、y、u 的平均，因此變成如下：

$$\bar{y} = a\bar{x} + b\bar{u} + c \qquad ②$$

這是表示各變量的平均滿足迴歸方程式。各變量的平均落在迴歸平面上，並非迴歸直線（第 2 節）。

■表示迴歸方程式的平面通過分配的中心（亦即重心）

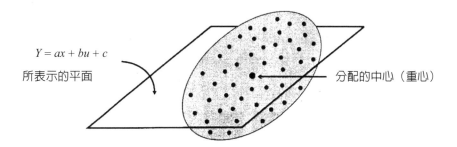

$Y = ax + bu + c$
所表示的平面

分配的中心（重心）

以物理上的方式來說，表示分配的中心位在迴歸平面上。

3-8 使誤差的平方和為最小的複迴歸分析(3)

接續前述，由式②求 c 代入 Q 的式子看看：

$$Q = \left\{y_1 - (ax_1 + bu_1 + \bar{y} - a\bar{x} - b\bar{u})\right\}^2 + \left\{y_2 + (ax_2 + bu_2 - \bar{y} - a\bar{x} - b\bar{u})\right\}^2$$
$$+ \cdots + \left\{y_n - (ax_n + bu_n + \bar{y} - a\bar{x} - b\bar{u})\right\}^2$$
$$= \left\{(y_1 - \bar{y}) - a(x_1 - \bar{x}) - b(u_1 - \bar{u})\right\}^2 + \left\{(y_2 - \bar{y}) - a(x_2 - \bar{x}) - b(u_2 - \bar{u})\right\}^2$$
$$+ \cdots + \left\{(y_n - \bar{y}) - a(x_n - \bar{x}) - b(u_n - \bar{u})\right\}^2$$

再度利用數學的知識，此 Q 要成為最小，從極值條件來看有需要滿足以下的式子：

$$\frac{\partial Q}{\partial a} = -2(x_1 - \bar{x})\left\{(y_1 - \bar{y}) - a(x_1 - \bar{x}) - b(u_1 - \bar{u})\right\}$$
$$- 2(x_2 - \bar{x})\left\{(y_2 - \bar{y}) - a(x_2 - \bar{x}) - b(u_2 - \bar{u})\right\} - \cdots = 0$$
$$\frac{\partial Q}{\partial b} = -2(u_1 - \bar{u})\left\{(y_1 - \bar{y}) - a(x_1 - \bar{x}) - b(u_1 - \bar{u})\right\}$$
$$- 2(u_2 - \bar{u})\left\{(y_2 - \bar{y}) - a(x_2 - \bar{x}) - b(u_2 - \bar{u})\right\} - \cdots = 0$$

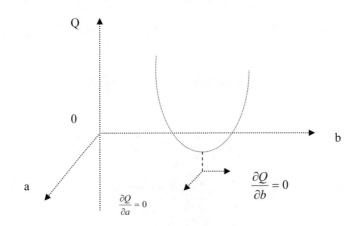

將這些展開整理時，即為下式：

$$a\left\{(x_1 - \bar{x})^2 + (x_2 - \bar{x})^2 + \cdots\right\} + b\left\{(x_1 - \bar{x})(u_1 - \bar{u}) + (x_2 - \bar{x})(u_2 - \bar{u}) + \cdots\right\}$$
$$= \left\{(x_1 - \bar{x})(y_1 - \bar{y}) + (x_2 - \bar{x})(y_2 - \bar{y}) + \cdots\right\} \quad ③$$

$$a\left\{(x_1-\overline{x})(u_1-\overline{u})+(x_2-\overline{x})(u_2-\overline{u})+\cdots\right\}+b\left\{(u_1-\overline{u})^2+(u_2-\overline{u})^2+\cdots\right\}$$
$$=\left\{(u_1-\overline{u})(y_1-\overline{y})+(u_2-\overline{u})(y_2-\overline{y})+\cdots\right\} \qquad ④$$

■以變異數、共變異數表示迴歸方程式

此處發現有趣的地方，{} 之中分別是統計學上常見的數值，與變量 x、u 的變異數 S_x^2、S_u^2，以及此等變量間的共變異數 S_{xu}、S_{xy}、S_{uy} 有關。

$$S_x^{\ 2}=\frac{1}{n-1}\left\{(x_1-\overline{x})^2+(x_2-\overline{x})^2+\cdots\right\}$$

$$S_u^{\ 2}=\frac{1}{n-1}\left\{(u_1-\overline{u})^2+(u_2-\overline{u})^2+\cdots\right\}$$

$$S_{xy}=\frac{1}{n-1}\left\{(x_1-\overline{x})(y_1-\overline{y})+(x_2-\overline{x})(y_2-\overline{y})+\cdots\right\}$$

$$S_{xu}=\frac{1}{n-1}\left\{(x_1-\overline{x})(y_1-\overline{y})+(x_2-\overline{x})(u_2-\overline{u})+\cdots\right\}$$

$$S_{uy}=\frac{1}{n-1}\left\{(u_1-\overline{u})(y_1-\overline{y})+(u_2-\overline{u})(y_2-\overline{y})+\cdots\right\}$$

將這些代入③、④再整理時即可得出如下的聯立方程式：

$$S_x^{\ 2}a+S_{xu}b=S_{xy} \qquad ⑤$$
$$S_{xu}a+S_u^{\ 2}b=S_{uy} \qquad ⑥$$

求解⑤、⑥如求出 a、b 時，迴歸方程式①亦即

$$y=ax+bu+c \qquad ①$$

即可求出。

試回到具體的例子看看。再度考慮本節最初所表示之營業所的銷售收入資料吧！求出變異數、共變異數後，再代入⑤、⑥式看看。實際的計算是利用個人電腦求出變異數、共變異數（第 1 章）：

$$S_x^{\ 2}=1.28 \text{、} S_u^{\ 2}=6.98 \text{、} S_{xu}=2.78 \text{、} S_{xy}=19.43 \text{、} S_{uy}=46.80$$

將這些代入⑤、⑥，求解所得出的聯立方程式。於是：

$$a = 4.69 \cdot b = 4.83 \cdot c = -8.00 \qquad\qquad ⑦$$

註：c 是由②式（亦即 $\overline{y} = a\overline{x} + b\overline{u} + c$）得出。

因此，迴歸方程式變成如下：

$$Y = 4.69x + 4.83u - 8.00$$

　　利用此式略為進行分析看看，雖在第 1 節中曾考察過，當宣傳費提高 100 萬元時，銷售收入提高 4690 萬元，營業員人數每增加 1 人時，宣傳費即增加 100 萬元，幾乎得出相同的效果。複迴歸分析是從所給予的資料，即可簡單得出重要的結果。

　　經複迴歸分析所得出的迴歸方程式，像這樣能簡單地解釋，可在各種領域中應用。可是有要注意的事項，譬如多重共線性的問題，如果選出幾個相互間有甚強相關的說明變量時，結果的解釋就會發生不適切的情形。本書雖不涉及，但實際利用時要注意才行。

小博士解說

單迴歸分析的係數與複迴歸分析的係數之不同

第 2 節所考察的單迴歸分析的資料，是本節所考察的資料的一部分。亦即抽出本節資料中的宣傳費與銷售收入的部分即為第 2 節的資料。但是第 2 節的單迴歸分析，以迴歸方程式來說，得出了以下的式子：

$$Y = 15.2x - 11.5$$

本節的複迴歸分析，就相同的資料得出以下的式子：

$$Y = 4.69x + 4.83u - 8.00$$

雖然是相同的資料，為什麼變量 x 的係數（偏迴歸係數）不同呢？那是說明變量 x 與 u 並非獨立才引起的，實際上如本節所考察的那樣 $S_{xu} = 2.78$，x 與 u 並非獨立。這是在單迴歸式的 x 與 y 的關係式中，也隱藏有 u 的影響。

本節是使 u 獨立，將其影響從 x 中分離出來，因此 Y 與 x 的係數即與第 2 節不同。

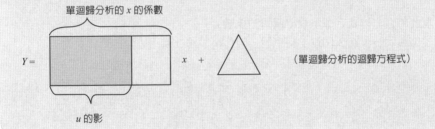

3-9 將複迴歸分析的結果以矩陣表示

如前面所考察的那樣，在資料中將特定的變量以其餘的變量的 1 次式來類推者即爲複迴歸分析。

此 1 次式稱爲迴歸方程式，特定的變量稱爲目的變量，其餘的變量稱爲說明變量。

之前曾就說明變量的個數有 2 個時進行考察，其中，將 2 個說明變量以 x、u 表示，目的變量以 y 表示，於是迴歸方程式：

$$Y = ax + bu + c$$

的係數（偏迴歸係數）知滿足如下的聯立方程式：

$$S_x^2 a + S_{xu} b = S_{xy}$$
$$S_{xu} a + S_u^2 b = S_{uy}$$

求解此聯立方程式，即可求出偏迴歸係數 a、b。

爲了使說明變量在 3 個以上時也能一般化，試將此寫成矩陣的形式看看：

$$\begin{bmatrix} S_x^2 & S_{xu} \\ S_{xu} & S_u^2 \end{bmatrix} \begin{bmatrix} a \\ b \end{bmatrix} = \begin{bmatrix} S_{xy} \\ S_{uy} \end{bmatrix}$$

像這樣以矩陣表現時，一般化是很容易的。

想一般化 3 個以上的說明變量時，用矩陣來整理會更易理解。

■將零散的方程式整理成矩陣時就變得容易看

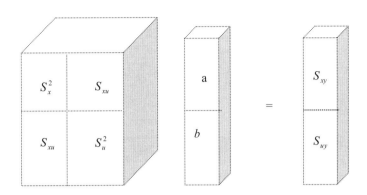

　　譬如考察說明變量有 3 個的情形，這些變量以 x、u、v 表示，目的變量以 y 表示看看，迴歸方程式可以如下表現：

$$Y = ax + bu + cv + d$$

　　此處 a、b、c 是偏迴歸係數，d 是常數項。偏迴歸係數滿足以下式子是很容易想像的：

$$\begin{bmatrix} S_x^2 & S_{xu} & S_{xv} \\ S_{xu} & S_u^2 & S_{uv} \\ S_{xv} & S_{uv} & S_v^2 \end{bmatrix} \begin{bmatrix} a \\ b \\ c \end{bmatrix} = \begin{bmatrix} S_{xy} \\ S_{uy} \\ S_{vy} \end{bmatrix}$$

註：左邊右側的矩陣即為變異數‧共變異數矩陣（第 1 章）。

　　由此矩陣，實際去求偏迴歸係數 a、b、c 是電腦的工作，利用 EXCEL 等的一般計算軟體，即可簡單求出（第 1 章）。
　　附帶一提，常數項 d 是利用以下的關係式求出：

$$\bar{y} = a\bar{x} + b\bar{u} + c\bar{v} + d$$

　　此乃利用前述所考察的性質，即所謂「變量的平均滿足迴歸方程式」之性質。

3-10複迴歸分析的評價是判定係數(1)

　　試考察所得出的迴歸方程式能否求出不錯的值吧！因此，再度調查第 3 節所出現的銷售公司 B 的資料。下表是針對目的變量 y，由迴歸方程式所得出之 y 的預測值 Y 以及它們的差（殘差）$\varepsilon = y - Y$，分別計算變異數而得者。

■銷售公司 B 的資料

營業所	宣傳費	營業員人數	銷貨	預測值	殘差
1	5.5	12	73	75.83	−2.83
2	4.5	9	59	56.64	2.36
3	4.1	8	56	49.93	6.07
4	3.5	6	31	37.45	−6.45
5	2.5	5	28	27.93	0.07
6	2.3	6	31	31.83	−0.83
7	2.7	5	30	28.87	1.13
8	2.8	4	25	24.50	0.50
	3.5	6.9	41.63	41.63	0.00
	1.3	7.0	330.84	317.38	13.46

　　發現了什麼嗎？根據觀察，有成立以下的關係。

目的變量的實測值的變異數＝預測值的變異數＋殘差的變異數

亦即，以式子表示時即為如下：

$$S_y{}^2 = S_Y{}^2 + S_\varepsilon{}^2 \qquad ①$$

註：證明省略，此關係式一般是成立的。

此處，殘差 $\varepsilon = y - Y$ 的變異數如下定義：

$$S_\varepsilon{}^2 = \frac{1}{n-1}\left\{(y_1 - Y_1)^2 + (y_2 - Y_2)^2 + \cdots + (y_n - Y_n)^2\right\}$$
$$= \frac{1}{n-1}\left\{\varepsilon_1{}^2 + \varepsilon_2{}^2 + \cdots + \varepsilon_n{}^2\right\}$$

註：殘差 ε 的平均是 0。此從 $\overline{y} = \overline{Y}$ 的一般性質可以得知，從前頁的表格也可以獲得確認。

3-11複迴歸分析的評價是判定係數(2)

在前面內容中曾調查了殘差平方和 Q。

殘差平方和 $Q = \varepsilon_1^{\,2} + \varepsilon_2^{\,2} + \cdots + \varepsilon_n^{\,2}$，

於是，知殘差的變異數可以如下表示：

$$殘差的變異數 \; S_\varepsilon^{\,2} = \frac{1}{n-1}Q \qquad ①$$

終於完成了調查①式之意義的準備了，迴歸方程式是儘可能地減少殘差平方和 Q，由②來說，即為儘可能減少殘差的變異數 $S_\varepsilon^{\,2}$ 的前提下所決定出來的。然而，由 j 來看，預測值的變異數與殘差之變異數和是一定的。因此使 Q（亦即 $S_\varepsilon^{\,2}$）為最小一事，也可說明如下。

使預測值的變異數成為最大之下來決定迴歸方程式

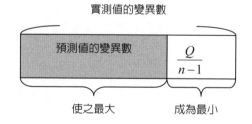

實測值的變異數

因此以下的值可以想成是表現迴歸方程式之適配好壞。

目的變量的預測值的變異數
目的變量的實測值的變異數

此值稱為判定係數或貢獻率，以 R^2 表示。亦即：

判定係數（貢獻率） $R^2 = \dfrac{S_Y^{\,2}}{S_y^{\,2}}$

註：R 稱為複相關係數，下節會詳細考察。

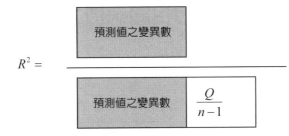

$$R^2 = \frac{\boxed{預測值之變異數}}{\boxed{預測值之變異數} \boxed{\dfrac{Q}{n-1}}}$$

圖　預測值的變異數愈大，愈接近實測值

由此圖似乎可以理解以下的關係式成立的：

$$0 \leq R^2 \leq 1$$

R^2 若是接近 1 時，迴歸方程式變得充分吸收資料的資訊。相反地，若是接近 0 時，就變得無法表現資料了。

試以本節最初所表示的資料，求判定係數看看。利用資料之中所表示的變異數值，可得出以下之值：

$$R^2 = \frac{317.38}{330.84} = 0.959$$

被認為精確度還不錯。

判定係數（或貢獻率）是多少之值才算滿足呢？介紹經常所利用的尺度吧！

判定係數（貢獻率）與滿意度
$0.8 \leq R^2$　　相當好的精確度
$0.5 \leq R^2 < 0.8$　　還算不錯

注意，此尺度畢竟是參考而已。

小博士解說

增加說明變數的個數時判定係數會變大

　判定係數大，只是好的迴歸方程式的必要條件。譬如只是單純地增加說明變量，判定係數 R^2 會變大是眾所皆知的。想要嚴密地考察這些事項，就必須進行判定係數的檢定才行，附錄 F 中雖有考察，但對機率統計學不熟悉時，卻是麻煩的理論。

3-12使預測與實測的相關為最大的迴歸方程式

試以新的角度重新掌握迴歸方程式看看，再度考察以下的資料。

■銷售公司 B 的資料

營業所	宣傳費	營業員人數	銷售收入
1	5.5	12	73
2	4.5	9	59
3	4.1	8	56
4	3.5	6	31
5	2.5	5	28
6	2.3	6	31
7	2.7	5	30
8	2.8	4	25

2 個變量是否有密切關係，曾考察過可以計算它們的相關係數（第 1 章）。

所謂 2 變量 x、y 的相關係數，是如下所定義的值，是表示 2 變量的相關的強弱。

相關係數 $r_{xy} = \dfrac{S_{xy}}{S_x S_y}$

此處 S_{xy} 是表示 x 與 y 的共變異數，S_x、S_y 是表示各個 x、y 的標準差（變異數的平方根）。

因此目的變量的「銷售收入」，與由迴歸方程式所得出的預測值，

$Y (= 4.69x + 4.83u - 8.00)$ 有多密切的關係，試從相關係數來考察看看。

為了此調查將「宣傳費」x 與「營業員人數」u 適切混合後試製作合成變量：

$$px + qu + c$$

此處 p、q 是係數。

試以各種值的 p、q 計算合成變量 $px + qu + c$，與目的變數 y 的相關係數（計算交給個人電腦）。

顯示其結果即為下表。

註：對相關係數來說，常數項 c 不會影響，因之省略。

	$5x + u$	$x + 3u$	$2x - u$	$x - u$	$4.69x - 4.83u$
相關係數	0.969	0.978	−0.448	−0.917	0.979

最右邊的 x、u 的合成變量，與 y 的目的變量的相關係數是最大的。此最右邊的合成變量正是前面所求出的迴歸方程式：

$$Y = 4.69x + 4.83u - 8.0$$

從此計算例似乎可以類推，使相關係數最大者是迴歸方程式的情形。亦即迴歸方程式可以解釋為：

為了得出與目的變量的相關係數為最大而將說明變量合成者。

目的變量與迴歸方程式所得出之合成變量之相關為最大是經常成立的。一般性的証明省略，但請好好記住。

迴歸方程式所得到的預測值與目的變量之相關係數稱為複相關係數，通常以 R 表示：

$$複相關係數\ R = r_{XY} = \frac{S_{yY}}{S_y S_Y}\ (0 \le r_{YY} \le 1)$$

以營業所得資料來看，複相關係數即為如下：

$$R = 0.979$$

相關係數是表示 2 變量的密切度，因此 R 愈大，由迴歸方程式所得出之預測值，即愈接近目的變量的實測值。因此此 R 的大小成為迴歸方程式的預測力的指標。

有趣的是，此複相關係數即為第 5 節所調查之判定係數（也稱為貢獻率）R^2 的平方根。以目前所調查的資料，將複相關係數之值平方看看：

$$（複相關係數）^2 = 0.959$$

此與第 5 節所調查的判定係數 R^2 之值是契合的。

註：複相關係數的 R 與判定係數的 R^2，它的定義完全不同。雖然如此乃使用同一字母，是基於（複相關係數）^{2} 即為判定係數所致。如非如此，就會採用不同的字母吧。

3-13複迴歸分析的實際(1)

　　利用前面所考察的複迴歸分析，調查實際的數據看看。試舉以全國爲對象的物價上升率（單位%），下表是日本經濟企劃廳的統計局所發表，從 1985 年到 1999 年就 7 個項目所整理的物價上升率。教育娛樂費如何由其他的項目所推估，試由此表以複迴歸分析調查看看。從事教育娛樂產業的人，當可獲得對其他領域的物價動向要如何應對的指針。

　　即使是這麼多的資料，計算也是相當龐大的，因之利用個人電腦吧。首先利用 EXCEL 看看（第 1 章）。

　　EXCEL 準備有「分析工具」，這按一下「工具」清單的「資料分析」即可利用。

■ 1995 年到 1999 年的物價上升率

年	膳食	住宿	水電費	家庭用品	保健醫療	交通通信	教育娛樂
1985	1.7	2.5	−0.4	0.7	5.9	2.1	2.1
1986	0.2	2.5	−5.0	0.0	1.9	−0.7	1.5
1987	−0.9	2.8	−7.4	−0.6	1.9	0.7	0.5
1988	0.7	2.1	−2.4	−0.5	0.4	−0.5	0.6
1989	2.2	3.0	−0.3	0.5	1.5	1.1	3.2
1990	4.0	3.1	2.3	0.1	0.5	1.4	3.4
1991	4.8	3.1	2.3	0.8	0.3	0.7	2.9
1992	0.6	3.1	0.1	1.2	3.1	0.5	3.2
1993	1.0	2.6	0.7	−0.3	0.4	0.3	1.6
1994	0.8	2.3	−0.3	−2.1	0.3	−0.6	1.2
1995	−1.2	2.0	0.2	−1.8	0.1	0.1	−0.7
1996	−0.1	1.4	−0.2	−2.0	0.7	−0.7	−1.1
1997	1.8	1.6	−0.9	4.6	4.6	0.0	1.5
1998	1.4	0.6	−1.5	7.1	7.1	−1.6	0.1
1999	−0.5	−0.1	−1.6	−0.7	−0.7	−0.2	−0.8

■選擇「工具」清單中的「資料分析」所顯示的對話框

　　在此對話框中選擇「迴歸」。於是顯示如下的「對話框」，因之如下圖決定說明變量（X）與目的變量（Y）的範圍。

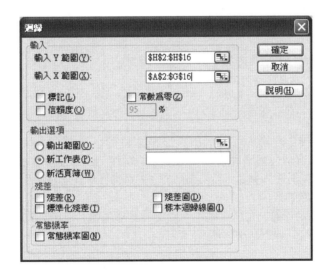

■說明變量與目的變量的範圍
　　如此一來，迴歸方程式即可簡單求出。

小博士解說

LINEST函數

　　EXCEL 準備有 LINEST 函數，這並非 WINDOWS 的程式，是直接求迴歸方程的函數，與 Macro 搭配時甚為方便。

3-14複迴歸分析的實際(2)

那麼試顯示如此所得到的迴歸方程式，成立各說明變量的係數（偏迴歸係數）如下求出。

說明變量名	偏迴歸係數
膳食	0.25
住宿	0.66
水電費	0.07
家庭用品	0.61
保健醫療	0.05
交通通信	−0.10
常數項	−0.17

迴歸方程式可得出如下：

$$Y = 0.25 \times 膳食 + 0.66 \times 住宿 + 0.07 \times 水電費 + 0.61 \times 家庭用品 + 0.05 \times 保健醫療 - 0.01 \times 交通通信 - 0.17$$

由此式知，膳食的平均物價上升 1%，目的變量的教育娛樂費上升 0.25%。如此來看，有趣的是住宿費與家庭用品費，與教育娛樂費的上升有甚大的連帶關係。住宿費、家庭用品費、教育娛樂費，是容易節省，並且也容易浪費的科目，此共同的特徵出現在偏迴歸係數的大小上。

其次，顯示判定係數（也稱貢獻率）R^2 的計算結果吧。這是如下所定義之值，提供迴歸方程式適配好壞的一項指標。

$$判定係數（貢獻率）R^2 = \frac{說明變量的預測值的變異數}{說明變量的實測值的變異數}$$

利用 EXCEL 所備有的函數實際計算時（第 1 章）：

$$R^2 = 0.900$$

R^2 是在 0 與 1 之間，愈接近 1，可提供好的估計值，所以此複迴歸分析被認為可提供相當不錯的精確度。

　　請看另一項提供適配好壞指標的複相關係數吧，這是目的變量與由迴歸方程式所得到的預測值之相關係數，為判定係數的平方根：

複相關係數 $R = 0.949$

由此來看，也可以確認此處所得出的迴歸方程式顯示相當不錯的精確度。

　　以上是利用 EXCEL 的複迴歸分析的結果。利用 EXCEL 的標準函數所出現的結果只是數值而已，為了容易觀察，必須以手動的方式作圖。如認為此種手法麻煩時，最好準備有專用的統計軟體，除了數值數據的分析外，如下圖也可顯示圖示的結果。

■教育娛樂費的實測值與預測值的圖形

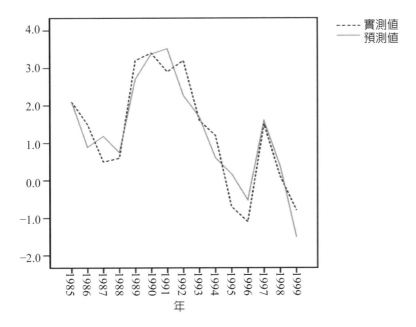

圖　教育娛樂費的實測值、預測值的圖形

利用專用的統計分析軟體時可以圖式觀察結果。

小博士解說

目的變量與迴歸方程式之值的相關為最大的理由

如利用數學所提供的武器之一的向量時，多變量分析即可直覺式地理解。譬如第 6 節的結果即標題的「目的變量與由迴歸方程式所得出的預測值之相關成為最大」，如利用向量就變得很明確。

今為了簡化，目的變量的平均數為 0。於是目的變量 y 與其預測值 Y 之相關係數 r_{yY} 即可如下表現。

$$r_{yY} = \frac{y_1 Y_1 + y_2 Y_2 + \cdots + y_n Y_n}{\sqrt{y_1^2 + y_2^2 + \cdots y_n^2}\sqrt{Y_1^2 + Y_2^2 + \cdots + Y_n^2}}$$

此處考察如下 2 個向量（參附錄 3）：

$$p = (y_1, y_2, \cdots y_n) \quad q = (Y_1, Y_2, \cdots, Y_n)$$

如利用此，r_{xy} 即可如下表現：

$$r_{xy} = \frac{p \cdot q}{|p||q|}$$

如所周知，此式的右邊是表示 2 個向量 p、q 的交角 θ 之餘弦（$\cos\theta$）。

$$r_{xY} = \cos\theta$$

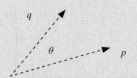

複迴歸分析的目標是盡可能使 y 與 Y 一致的分析法，換言之 y 與 Y 的方向盡可能一致之下決定迴歸方程式。此時向量 p、q 的交角 θ 為最小、$\cos\theta$ 為最大。因之，由上式可知，相關係數 r_{yY} 即成為最大。

附錄 5 對向量有略為深入的探討請參考之。

第4章
主成分分析

4-1 由多變量萃取出本質的是主成分分析

由多變量的資料，合成成為本質的少數變量，再以它分析資料的是主成分分析。

以例來說試考察某公司的任職考試，在 100 分為滿分的考試中假定得出下表的結果。

■採用哪一個人是最佳的呢？

NO.	共同	專門	英語	面談	論文
1	50	90	40	50	80
2	80	70	80	70	80
3	50	40	90	80	30
4	80	40	80	90	50
5	20	30	30	20	30

以公司來說，想採用兩種類型的人，分別是作為營業員能活躍的人，以及作為技術開發者能活躍的人。要採用哪一個人才是最佳選擇呢？只是乍見資料，是無法立即判斷受試者的能力類型，需要能有最容易理解的指標，找出其指標再分析資料，即為主成分分析。

再舉另一個例子來看，下表示是顯示 8 位學生的體格調查，能由此表想出每一個人的體型嗎？

■學生的體格調查結果

姓名	身高（cm）	座高（cm）	胸圍（cm）	腰圍（cm）	體重（kg）
林一	174	89	85	73	60
林二	170	90	80	71	63
林三	164	93	95	78	64
林四	166	89	78	71	50
林五	180	99	88	74	75
林六	160	84	80	76	55
林七	174	91	102	86	88
林八	160	89	94	80	78

爲了能從此表浮現出每個人的體型，有需要變換成有特徵的表現。譬如像「瘦又高」那樣，需要有能立即浮現印象之指標，尋找此指標即爲主成分分析。

統計學的目標，是從諸多的資訊萃取出本質性的資訊，主成分分析也不例外。從由許多變量所構成的資料，合成有特徵的本質，爲了能依據它進行數據分析而提供手段者，即爲主成分分析。

本章考察主成分分析是以何種的想法，萃取本質，使分析容易。

4-2　從使變異數最大的立場來觀察資料時(1)

從多變量所構成的資料，合成出少數有特徵的變量，依據它來分析資料的是主成分分析。

那麼，以何種想法合成出有特徵的變量呢？以容易理解的比喻來說，是觀察下圖所樹立的 3 棵樹。試從南方向、西方向以及東北方向觀察這些樹看看，此即為下圖。

■所樹立的 3 棵樹

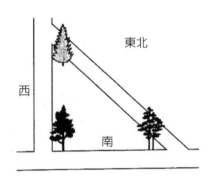

■依看的角度不同看法也會不同

(a) 從南方向所看的圖　　(b) 從西方向所看的圖　　(c) 從東北方向所看的圖

從南或西方向看的圖，樹木重疊，不能清楚看出整體。可是，從東北方向來看時，即可清楚看出 3 棵樹的全體。像這樣，改變看的立場，看不清的東西也可以看見。

觀察資料時可以說也是一樣的，改變看的立場，也有可以清楚透視資料整體的情形。

　譬如，請看下表，這是對同一價格的 3 部車子進行評價的結果。從哪一個「立場」來看時，才能清楚看出 3 部車評價的特徵呢？

■ 3 部車的特徵

車名	設計	機能性
A	40	90
B	90	40
C	70	70

為了理解此事，以下列的 2 個合成變量為例，來觀察資料看看。
「設計＋機能性」、「設計－機能性」
首先，製作下表，依據它從新合成變量的「立場」來看車子吧。

車名	設計	機能性	設計＋機能性	設計－機能性
A	40	90	130	－50
B	90	40	130	50
C	70	70	140	0

■從「設計＋機能性」所見的圖

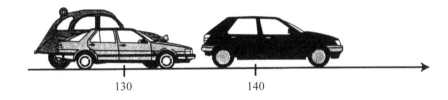

■從「設計－機能性」所見的圖

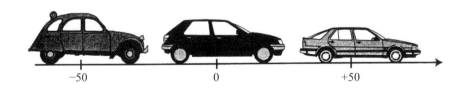

4-3 從使變異數最大的立場來觀察資料時(2)

在此 2 個圖中，清楚透視資料的立場，顯然是「設計－機能性」。站在此立場時，資料看起來在 100 分的範圍內分散，可以清楚看出各部車的特性。另一方面從「設計＋機能性」的立場來看，3 部車在 10 分的範圍內重疊，透視是無效的。主成分分析是尋找像「設計－機能性」那樣能使資料看起來分散的立場，從此調查資料的分析手法。

附帶一提，對此種立場施予適當的命名時，更可加深理解。以本例來說，「設計－機能性」可以更換車子的「個性」吧。是重視機能呢？或是重視設計呢？使車子具有的個性顯眼，即為「設計－機能性」的立場。

話題回到原來，「設計－機能性」是比「設計＋機能性」更能看出資料的分散，因之各個數據的特性即可清楚看到。但是，數字上對於此種分散情形來說，有方便的尺度，此即為變異數，變異數 S^2 是表現資料分散情況的統計量（第 1 章第 2 節）。

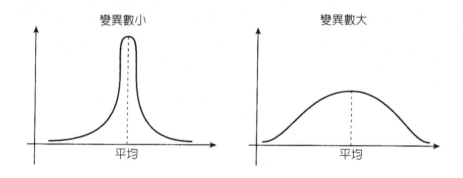

如此圖所示，變異數愈大時，資料以平均為中心分散著。相反地，變異數愈小時，資料密集成有如糰子狀。實際上，以目前的設計與機能性的評價例比較變異數看看。

數據	設計＋機能性	設計－機能性
變異數 S^2	33.3	2500

「設計－機能性」的變異數之值是 2500，是「設計＋機能性」的變異數的 75 倍！變異數的大小成為能清楚觀察資料的各個資訊的一種指標。主成分分析是尋找使變異數最大的立場，由此分析資料的分析方法。

■從串插的方向調查資料即為主成分分析

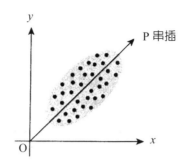

「使變異數成爲最大」聽起來好像很難，可是想要說的事項卻是很簡單的。今假定由 2 變量 X、Y 所構成的資料如下圖分布著。將此分配投影在 X 軸、Y 軸，以及「串插」此分配的 OP 上。

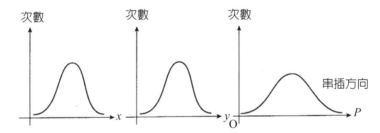

在此 3 個立場之中，如站在「串插」的方向的立場時，分配變大，各個資料看起來零零散散，亦即變異值變大。也就是說，尋找「使此變異數最大」的立場，即爲發現此「串插」的立場。

從此印象式理解似乎可知，像下圖數據所分布的資料，主成分分析是沒有效的。不管如何串插，找不到能使各數據呈現分散的立場，以數學的方式來說，此種分配會出現在變量間相關小的時候。因此變量間相關小的資料分析，主成分分析是不合適的。

■從任何一處看均無特徵的分配時，便不適合主成分分析

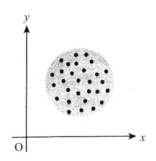

4-4 主成分是使變異數最大的變量結合(1)

主成分分析的本質在於從「能清楚透視資料的個性」之立場來分析資料，並且尋找「能清楚透視資料的個性」之立場，即是尋找出能使變異數最大的合成變量。本節試考察此合成變量的求法。

再度列舉前面所考慮的 3 部車的調查結果。

車名	設計	機能性	設計＋機能性	設計－機能性
V	40	90	130	－50
A	90	40	130	50
C	70	70	140	0
變異數			33.3	2500

前節中，曾比較合成變量「設計＋機能性」、「設計－機能性」，並調查出「設計－機能性」的變異數較大。試將此合成的方式一般化看看，亦即，考察如下的合成變量：

> a× 設計＋ b× 機能性（a、b 為係數）

改變係數 a、b 之值，可以得出各種變異數之值，因此，在其中找出能實現最大變異數的 a、b 即可。

■尋找使變異數為最大的 a、b 之組合

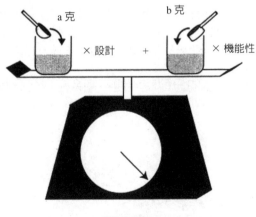

變異數儀器

　此變量的合成法，以身邊的例子來說近似烹調的調味，譬如「將鹽與砂糖以多少混合時，可以得出最好的口味呢？」類似此種問題。

　將鹽與砂糖以 1：2 調和，以及以 2：4 調和，出現相同口味，料理的調和，有此種常數倍的不定性。

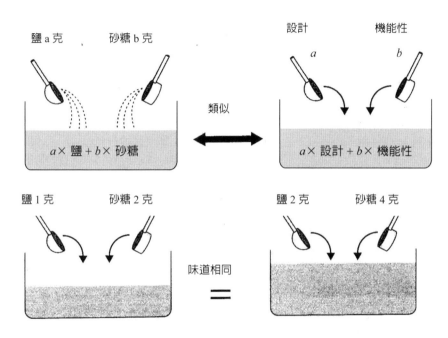

　此事在將變量合成時也是一樣的，譬如試考察以下 2 個合成變量：

設計－機能性
3（設計－機能性）＝ 3× 設計－3× 機能性

　此 2 個合成變量，只是測量尺度不同，可以認為表現相同的內容。以 100 分滿分進行意見調查之評價，或以 300 分為滿分的評價也好，車子的評價是不變的。變量的合成中，附加在變量的係數的比率（比重）是很重要的，整體的常數倍並無意義。

4-5 主成分是使變異數最大的變量結合(2)

接續前述，苦惱的是，此常數倍的不定性與變異數的計算有直接關係。譬如以下的關係是成立的（第1章第2節）：

> 「3× 設計－3× 機能性」的變異數＝3^2×（「設計－機能性」的變異數）

增大係數時，變異數多少也會變大，這無法討論變異數的最大或最小，從「使變異數能成為最大來合成變量」的主成分分析的手法來看，這是重大的問題。

因此，建立變量的合成式「a× 設計＋b× 機能性」時，要加上如下的條件：

$$a^2 + b^2 = 1 \qquad ①$$

如加上此條件時，a、b就不會無限地取大值，因之即可討論變異數的最大值問題。

苦惱的是，此條件式①在先前所說明的烹調比喻中是無法理解的。烹調的情形，關係式更簡單，譬如要出現相同的口味，假定成立如下的等式：

> 鹽 1 g ＋砂糖 2 g ＝鹽 a g ＋砂糖 b g

於是

$$1：2 ＝ a：b \text{ 亦即 } b = 2a \qquad ②$$

簡單的式子即成立。

■關係是 b = 2a 是成立的

鹽 1 克　　砂糖 2 克　　　　　　鹽 a 克　　砂糖 b 克

味道相同

不使用像烹調那樣的簡單式子②，採用看似複雜的式①，是想將變異數之值控制成為有限之值的緣故。在②式的條件下 a、b 取多大之值均可，因之無法討論合成變量「a× 設計＋ b× 機能性」的變異數的最大值。

註：除①式以外的條件也可考慮，2 變量的權重的比率確定，且使變異數能成為有限值的a、b之條件也行。可是①的條件在數學上容易處理，有此優點。因之，實質上此事即為標準的條件式。

■討論變異數的最大值是需要條件

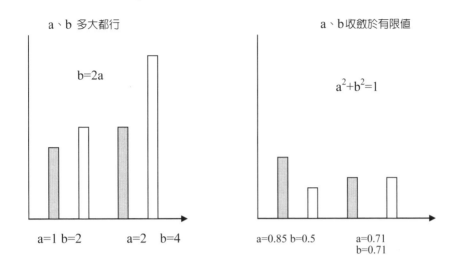

附帶一提，變量在合成時，要留意通常只考察「a× 設計＋ b× 機能性」的形式（稱為一次結合）。譬如不採用如下的複雜的變量合成：

$$a\times \text{設計}^2 + b\times \text{機能性}^2$$

這些合成法即使會使變異數增大，但它的合成變量的解釋變得困難，因此無法分析資料。

以上想必已了解主成分分析的手法，今將結果一般化整理看看。

> 有變量 x、y、z、……時，考察合成變量
> $u = ax + by + cz + \cdots\cdots$（a、b、c、……，滿足 $a^2 + b^2 + c^2 + \cdots\cdots = 1$ 之常數）。
> 尋找使 u 的變異數 S_u^2 成為最大的係數 a、b、c、……，利用此 u 分析資料，此即為主成分分析。

此處所求出的合成變量 u 稱為主成分（principal component），最能透視資料的是 u，因之是很合適的用語。

但是仍留有一大問題，即就是如何求出係數 a、b、c、…之值的問題，此容下節考察吧！

4-6 試求主成分看看(1)

目前為止所考察的事項，想必已了解主成分分析的想法。從最能清楚透視各個數據的方向去分析資料，此即為主成分分析的立場，它是使變異數為最大來合成變量。

但是至目前為止使變異數最大來求合成變量——亦即主成分的方法，並未具體的言及，本節試對此進行考察。

附帶一提，實際進行主成分分析，一般是利用已有的統計分析軟體。所需資料因為可全部求出，因之不太需要數學方面的理論，可是理解統計分析軟體中所使用的用語等，仍是了解主成分分析計算法的概要所需要的，也許不甚有趣，但略微沉浸在數學的世界吧。

■統計解析需要數學的知識

利用專業軟體 SPSS 所顯示的畫面。

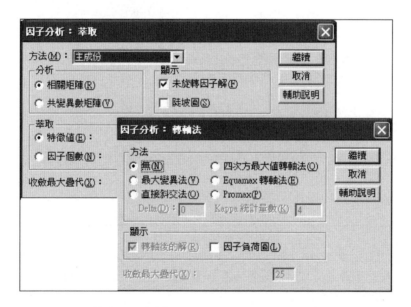

■ 3 變量的情形

展開一般論是很麻煩的，因之試考察以下所示資料的 3 個變量 x、y、z 情形，如理解 3 變量時，理解一般論是很容易的。

數據	x	y	Z
1	x_1	y_1	z_1
⋮	⋮	⋮	⋮
n	x_i	y_i	z_i
⋮	⋮	⋮	⋮
n	x_n	y_n	Z_n

那麼就進入話題吧。

主成分分析是使變異數成為最大的合成變量，亦即對於變量 x、y、z 來說，建立如下的合成變量：

$$u = ax + by + cz（a、b、c 為係數）\qquad ①$$

為了在共變異數 S_u^2 成為最大之下，決定出係數 a、b、c。但為了消除係數的不安定性，乃加上如下條件：

$$a^2 + b^2 + c^2 = 1 \qquad ②$$

問題是如何求出 a、b、c。

■在條件 $a^2 + b^2 + c^2 = 1$ 之下如何使變異數最大是問題所在

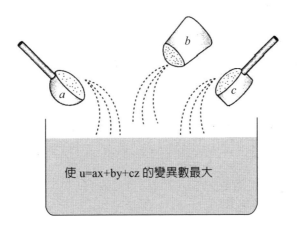

使 u=ax+by+cz 的變異數最大

首先，試求變異數 S_u^2 看看，雖然有些長，但仍請瀏覽一下。

4-7 試求主成分看看(2)

先從變異數的定義開始。

$$S_u^2 = \frac{1}{n-1}\left\{\left(u_1 - \bar{u}\right)^2 + \left(u_2 - u\right)^2 + \cdots + \left(u_n - \bar{u}\right)^2\right\}$$

代入 u 的定義式 $u = ax + by + cz$ 再整理看看：

$$S_u^2 = \frac{1}{n-1}\left[\begin{array}{l}\left\{(ax_1 + by_1 + cz_1) - (a\bar{x} + b\bar{y} + c\bar{z})\right\}^2 + \cdots \\ + \left\{(ax_n + by_n + cz_n) - (a\bar{x} + b\bar{y} + c\bar{z})\right\}^2\end{array}\right]$$

$$= \frac{1}{n-1}\left[\begin{array}{l}\left\{a(x_1 - \bar{x}) + b(y_1 - \bar{y}) + c(z_1 - \bar{z})\right\}^2 + \cdots \\ + \left\{a(x_n - \bar{x}) + b(y_n - \bar{y}) + c(z_n - \bar{z})\right\}\end{array}\right]$$

展開 { } 之中的式子，再導入變異數、共變異數的式子（第 1 章）。省略途中式子，只代入結果時變成如下：

$$s_u^2 = a^2 s_x^2 + b^2 s_y^2 + c^2 s_z^2 + 2abs_{xy} + 2bcs_{yz} + 2acs_{xz} \qquad ③$$

此處，s_x^2、s_y^2、s_z^2 表 x、y、z 的變異數，並且 s_{xy}、s_{yz}、s_{xz} 表各個變量 x-y、y-z、z-x 的共變異數。進行統計分析時，經常會碰到變異數‧共變異數！

■利用 Lagrange 的未定係數法

已備妥式子。將此③式的 s_u^2，在條件②亦即：

$$a^2 + b^2 + c^2 = 1 \qquad ②$$

的條件下求解 a、b、c。關於此可利用有名的技巧，那就是 Lagrange 的未定係數法（參照附錄 2）。

立即，利用 Lagrange 的未定係數法看看。首先，考察如下的式子 L：

$$L = a^2 s_x^2 + b^2 s_y^2 + c^2 s_z^2 + 2abs_{xy} + 2bcs_{yz} + 2acs_{zx} - \lambda\left(a^2 + b^2 + c^2\right)$$

如利用 Lagrange 的未定係數法時，a、b、c 滿足如下 3 個式子是眾所皆知的：

$$\frac{\partial L}{\partial a} = 2as_x^2 + 2bs_{xy} + 2cs_{xz} - 2\lambda a = 0$$

$$\frac{\partial L}{\partial b} = 2as_{xy} + 2bs_y^2 + 2cs_{yz} - 2\lambda b = 0$$

$$\frac{\partial L}{\partial c} = 2as_{xz} + 2bs_{yz} + 2cs_z^2 - 2\lambda c = 0$$

式子不易看，以矩陣表現看看：

$$\begin{bmatrix} s_x^2 & s_{xy} & s_{xz} \\ s_{xy} & s_y^2 & s_{yz} \\ s_{xz} & s_{yz} & s_z^2 \end{bmatrix} \begin{bmatrix} a \\ b \\ c \end{bmatrix} = \lambda \begin{bmatrix} a \\ b \\ c \end{bmatrix} \qquad ④$$

式子變得非常容易看。此即爲主成分：

$$u = ax + by + zy$$

之係數 a、b、c 所滿足的方程式。

請看④的左端矩陣吧！

$$S = \begin{bmatrix} s_x^2 & s_{xy} & s_{xz} \\ s_{xy} & s_y^2 & s_{yz} \\ s_{xz} & s_{yz} & s_z^2 \end{bmatrix}$$

　此矩陣 S 是變異數・共變異數矩陣（第 1 章）。並且以數字的用語來說，④是表示矩陣 S 的特徵值問題（參照附錄 4），係數的組（a、b、c）是矩陣 S 的特徵向量，λ 是此矩陣的特徵值。

　想要實際求解④，可交給個人電腦吧（第 1 章）。

　以上，主成分分析的數字全貌，終於變得明確。爲了引出資料中所包含的數據個性，合成使變異數能成爲最大的變量，達成了主成分分析的構想。

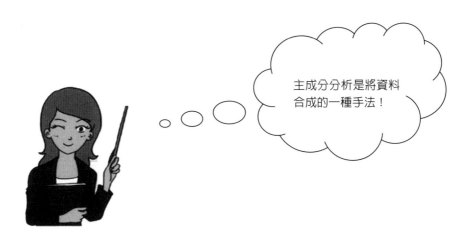

主成分分析是將資料
合成的一種手法！

4-8 試求主成分看看(3)

■調查變異數

因為是漫長的旅程，此處乃以圖表先整理看看。

No.	x	y	z
1	x_1	y_1	z_1
2	x_2	y_2	z_2
⋮	⋮	⋮	⋮

製作新變量
$u = ax + by + zy$

合成變量 $u = ax + by + zy$ 的變異數 S_u^2 在 $a^2 + b^2 + c^2 = 1$ 的條件下使之最大。

Lagrange 未定係數法

變異數・共變異數矩陣 S 的

特徵值問題 $S\begin{bmatrix} x \\ y \\ z \end{bmatrix} = \lambda \begin{bmatrix} x \\ y \\ z \end{bmatrix}$

以電腦求解

可求出 S 的特徵值 λ 與合成變量 $u = ax + by + zy$。
亦即，可求出主成分。

話說，③式亦即：

$$S_u^2 = a^2 s_x^2 + b^2 s_y^2 + c^2 s_z^2 + 2abs_{xy} + 2bcs_{yz} + 2acs_{xz} \tag{3}$$

可以用如下的矩陣來表示：

$$S_u^2 = \begin{pmatrix} a & b & c \end{pmatrix} \begin{bmatrix} s_x^2 & s_{xy} & s_{xz} \\ s_{xy} & s_y^2 & s_{yz} \\ s_{xz} & s_{yz} & s_z^2 \end{bmatrix} \begin{bmatrix} a \\ b \\ c \end{bmatrix} \tag{5}$$

將④式代入此式，與②式（亦即 $a^2 + b^2 + c^2 = 1$）相組合時，得

$$S_u^2 = \lambda \tag{6}$$

亦即，

共變異數矩陣 S 的特徵值即為主成分的變異數。

這是非常重要的性質。

談到為什麼重要時，那是④式的方程式通常有 3 個正解（亦即特徵值）。

λ_1、λ_2、λ_3（此處設 $\lambda_1 \geq \lambda_2 \geq \lambda_3$）。

以提供主成分的解來說，要採用何者令人感到苦惱，可是如有⑥式時就很清楚明白。主成分是使變異數成為最大，因之應該採用最大的特徵值 λ_1。

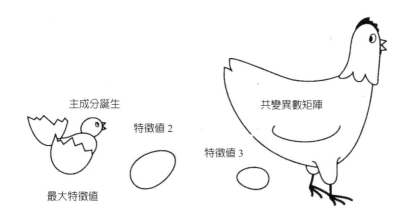

主成分誕生　特徵值 2　共變異數矩陣

最大特徵值　特徵值 3

註：對其他特徵值的意義，容之後考察。

■主成分分析的例子

試考察簡單的例子作為以上的確認。

以下的資料，是針對同一價格的 7 部車子，以 100 人為對象進行意見調查的結果。表中是記入評價「佳」的人數。試由此資料合成主成分看看。

車名	動力性能（x）	空間性（y）	設計（z）
A	60	58	25
B	35	40	75
C	74	68	50
D	30	40	60
E	80	70	50
F	90	95	80
G	50	50	45

4-9 試求主成分看看(4)

首先試求變量 x、y、z 的變異數 · 共變異數矩陣，由資料得出如下（爲了容易看，省略小數部分）。

$$S = \begin{bmatrix} 520 & 427 & 5 \\ 427 & 382 & 74 \\ 5 & 74 & 350 \end{bmatrix}$$

註：實際的計算是交給電腦（第 1 章）。

由此矩陣所得出的特徵方程式之解 λ（省略小數部分），可求出以下 3 個：

$$\lambda = 889 、 353 、 10$$

因之最大的特徵值 889 即爲主成分的變異數。如計算此時的特徵向量 (a、b、c) 時即爲（0.75、0.65、0.01），因之可求得如下的主成分（有效位數當作 2 位）：

$$u = 0.75x + 0.65y + 0.01z$$

此主成分 u 因係數的符號均爲正，因此可以解釋爲「總分」。亦即，此資料從「總分」的立場來看，知最能萃取出各個數據的特性。

註：對於主成分的解釋，不再深入探討。再略具準備之後，容在下節整理並考察之。

在統計的世界裡，經常實施數據的標準化（第 1 章）。對變量 x 來說，考察施與如下變換後的新變量 z：

$$z = \frac{x - m}{s}$$

施與如此之變換時，⑤式所表示的變異數 · 共變異數矩陣 S 即成如下：

$$R = \begin{bmatrix} 1 & r_{xy} & r_{xz} \\ r_{xy} & 1 & r_{yz} \\ r_{xz} & r_{yz} & 1 \end{bmatrix} \tag{⑦}$$

變異數 · 共變異數矩陣⑤的特徵值，與相關矩陣矩陣⑦的特徵值，當然是不同的。主成分分析是取決於數據是否進行標準化，結果即有所不同。對於進行數據的標準化後的主成分分析，其具體例子會在後面考察，但請留意此事實。

■是利用變異數・共變異數矩陣 S 或是相關矩陣 R，出現不同的主成分

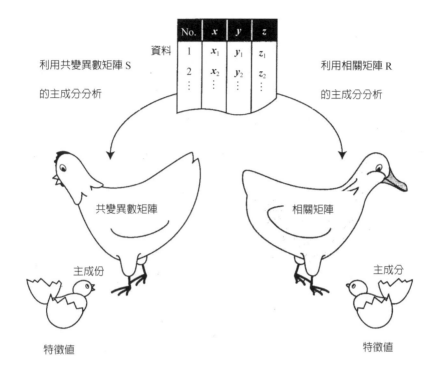

4-10顯示主成分的資訊收集能力的貢獻率(1)

從最容易觀察資料的立場來眺望、分析的是主成分分析，爲了決定它的觀察立場，將變異數成爲最大的變量予以合成，其合成變量即爲主成分。

只是此主成分能否充分說明資料呢？也許會漏掉甚大資訊的收集，因此本節就主成分可說明多少資料的資訊，亦即主成分分析的貢獻率加以考察。主成分分析的貢獻率如下定義：

$$主成分分析的貢獻率 = \frac{主成分的變異數值}{資料全體的分散量} \qquad ①$$

主成分分析是以資料所含的數據分散程度（亦即變異數）爲中心進行討論，因之如此所定義的貢獻率①，被認爲可以清楚表示主成分的妥當性。

貢獻率接近1時，表示主成分可以清楚說明資料。因此，只以此主成分即可充分說明資料的資訊，相反地貢獻率接近0時，主成分是細數不盡資料的。

①式中所定義的貢獻率分子「主成分的變異數值」，只要計算即可求出，可是對於分母「資料全體的分散量」來說，還未加以定義。每一個變量的分散量可以用變異數來表示，可是有關表中資料整體的分散量來說，並未有任何的定義，立刻調查看看。

以下以 1 變量的資料及 2 變量的資料相比較進行討論。

數據	變量 x
No.1	x_1
No.2	x_2
⋮	⋮
No.i	x_i
⋮	⋮
No.n	x_n

↑資料的指標是 S_x^2

⟹

數據	變量 x	變量 y
No.1	x_1	y_1
No.2	x_2	y_2
⋮	⋮	⋮
No.i	x_i	y_i
⋮	⋮	⋮
No.n	x_n	y_n

↑資料的指標是？

首先，就 1 變量的情形，試圖示第 i 個數據 x_i 與平均 $\bar{x}$ 之關係看看。

M　　　　　　　　　　　　P

$\bar{x}$ (平均)　　　　　　　　　　x_i

此距離的平方是 $\left(x_i - \bar{x}\right)^2 = MP_i^2$

由此圖知，表示資料的分散量即變異數，即可如下表示：

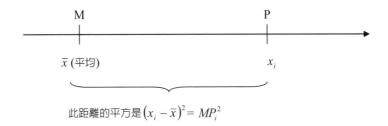

$$S_u^2 = \frac{1}{n-1}\left\{\left(x_1-\bar{x}\right)^2 + \cdots + \left(x_i-\bar{x}\right)^2 + \cdots + \left(x_n-\bar{x}\right)^2\right\}$$

$$= \frac{1}{n-1}\left\{MP_1^2 + \cdots + MP_i^2 + \cdots + MP_n^2\right\}$$

接著對 2 變量的情形，圖示第 i 個數據（x_i、y_i）與平均（$\bar{x}$、$\bar{y}$）之關係。

4-11顯示主成分的資訊收集能力的貢獻率(2)

■ MP_i^2 的和是表示 2 變量的分散量

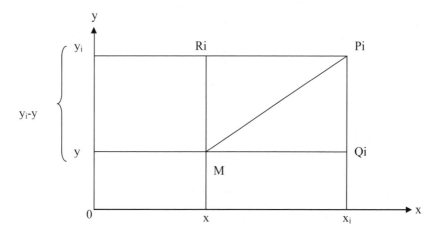

試將 1 變量時所考察的②式之關係，擴張成 2 變量的情形看看。亦即，2 變量的分散量可以如下來考慮：

$$S^2 = \frac{1}{n-1}\left\{MP_1^{\;2} + \cdots + MP_i^{\;2} + \cdots + MP_n^{\;2}\right\}$$

若如此解釋時，可得出值得玩味的結果。圖中由畢氏定理來看：

$$MP_i^{\;2} = MQ_i^{\;2} + MR_i^{\;2} = \left(x_i - \overline{x}\right)^2 + \left(y_i - \overline{y}\right)^2$$

將此代入③式時：

$$S^2 = \frac{1}{n-1}\left\{\left(x_1 - \overline{x}\right)^2 + \left(y_1 - \overline{y}\right)^2 + \cdots + \left(x_n - \overline{x}\right)^2 + \left(y_n - \overline{y}\right)^2\right\}$$

$$= \frac{1}{n-1}\left\{\left(x_1 - \overline{x}\right)^2 + \cdots + \left(x_n - \overline{x}\right)^2 + \left(y_1 - \overline{y}\right)^2 + \cdots + \left(y_n - \overline{y}\right)^2\right\}$$

$$= s_x^{\;2} + s_y^{\;2}$$

亦即，

資料全體的分散量＝各變量的變異數之和

像這樣以表示資料全體的分散程度之指標來說，變異數之和是適切的。

好不容易完成了進入正題的準備，主成分可以表現多少資料具有的資訊（亦即「分散程度」）呢？說明此事則是貢獻率，它的具體式子是可以求出的，亦即試將上面的結果代入貢獻率的定義式看看。

$$ \text{主成分分析的貢獻率} = \frac{\text{主成分的變異數值}}{\text{各變量的變異數之和}} = \frac{s_u{}^2}{s_x{}^2 + s_y{}^2 + s_z{}^2 + \cdots} $$

註：$s_u{}^2$ 是主成分的變異數，分母對 3 個變量以上也能適用。

這是表示主成分的說明能力，亦即貢獻率的具體式子。

貢獻率如與 1 比較相當小時，該主成分是無法表達資料的，亦即萃取主成分後在「殘留物」中，有寶貴的資訊還在「休眠」狀態。此時從此「殘留物」中尋找「新的主成分」的操作是需要的。

此時，最初所萃取主成分稱為第 1 主成分，第二次萃取的主成分稱為第 2 主成分以茲區別。

附帶一提，雖然調查至第 2 主成分，但資訊的殘餘價值有時仍然很大，此時在從萃取第 2 主成分後的資訊中再去萃取第 3 主成分。關於此方面的工作，此後要依序去調查。

以下圖示主成分的資訊收集情形。

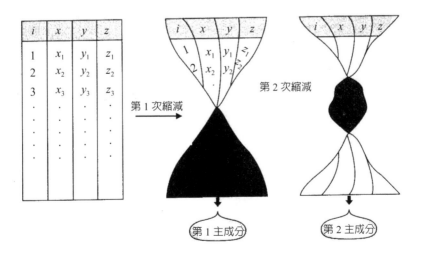

4-12從資料的殘留物中取出第2主成分

　　將能清楚眺望資料的變量予以合成，利用它明確地說明資料全體即為主成分分析的想法。該合成變量即為第 1 主成分，接著該第 1 主成分可以吸收多少的資料資訊呢？貢獻率能為我們表現（第 5 節）。

　　但是，第 1 主成分吸收的資訊量很小時、立即貢獻率接近 0 時，第 1 主成分被認為漏取了資料的資訊，此時從第 1 主成分所漏取的「殘留物」中，再重新萃取主成分為宜，此即為第 2 主成分。

　　那麼，要如何做才能發現第 2 主成分呢？結論很簡單，求出第 1 主成分時，也同時求出第 2 主成分。在求第 1 主成分的計算結果當中也會包含第 2 主成分，是很值得慶幸的性質。

■也可同時萃取第 2 主成分

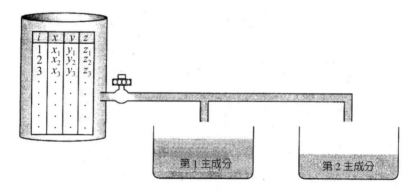

　　此試就 3 變量 x、y、z 調查看看。3 變量時，所謂第 1 主成分是在條件

$$a^2 + b^2 + c^2 = 1 \qquad ①$$

之下，使變異數最大合成變量

$$u = ax + by + zy（a、b、c 為係數） \qquad ②$$

此 a、b、c 滿足以下的條件（詳細參前述）：

$$\begin{bmatrix} s_x^2 & s_{xy} & s_{xz} \\ s_{xy} & s_y^2 & s_{yz} \\ s_{xz} & s_{yz} & s_z^2 \end{bmatrix} \begin{bmatrix} a \\ b \\ c \end{bmatrix} = \lambda \begin{bmatrix} a \\ b \\ c \end{bmatrix} \qquad ③$$

　　滿足此關係式的 λ 稱為變異數 ‧ 共變異數矩陣（③左端的矩陣）的特徵值，它有 3 個眾所皆知的：

$$\lambda_1 \cdot \lambda_2 \cdot \lambda_3 \ (\lambda_1 \geq \lambda_2 \geq \lambda_3 \geq 0)$$

其中，提供第 1 主成分的 λ 是最大特徵值 λ_1。

但是第二個特徵值 λ_2 提供什麼呢？是的！此即為提供第 2 主成分之 1 的解。

「求第 1 主成分時，也可同時求第 2 主成分」即為此意。

註：一般第 3 主成分以後的主成分，在求解特徵值問題中可同時求出。

在「殘渣」的數據之中，第 2 主成分之成為「主成分」是源於③的變異數 · 共變異數矩陣的對稱性。它的詳細情形是數學上的課題，因之此處省略。

■從同時產出的蛋（特徵值）中可同時得出主成分

第1主成分　第2主成分　共變異數矩陣

特徵值 1　特徵值 2　特徵值 3

主成分分析的主要構想是分析共變異數矩陣的特徵性質，以得出數據的主成分（即特徵向量）與它們的權值（即特徵值），透過保留低階主成分（對應大特徵值），捨棄高階主成分（對應小特徵值），達到減少數據集維度，同時保留最大數據等變異的目的。

4-13使用幾個主成分呢？以累積貢獻率來判斷

前節曾說明在導出第 1 主成分的同一計算式中，也導出了第 2 主成分、第 3 主成分，於是問題是應考慮幾個主成分才好呢？

譬如，將第 1 節所介紹的以下的就職考試的資料，進行至第 2 主成分為止時，「將資訊過於簡化」受到如此的非議。

NO.	共同	專門	英語	面談	論文
1	50	90	40	50	80
2	80	70	80	70	80
3	50	40	90	80	30
4	80	40	80	90	50
5	20	30	30	20	30

回答此疑問即為累積貢獻率，此可如下定義：

$$第 i 個主成分為止的累積貢獻率 = \frac{至第 i 個為止的主成分的變異數之和}{各變量的變異數之和}$$

分母的「各變量的變異數之和」是表示資料全體的分散情形，分子的「至第 i 個為止的主成分的變異數之和」是表示至第 i 個為止的主成分所吸收的資料的分散量。「分散量」如站在資料具有的資訊之觀點時，像這樣所定義的累積貢獻率，即是表示第 i 個為止的主成分說明多少資料的資訊。

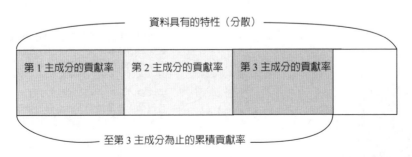

資料具有的特性（分散）

第 1 主成分的貢獻率　　第 2 主成分的貢獻率　　第 3 主成分的貢獻率

至第 3 主成分為止的累積貢獻率

變量設爲 x、y、z、…，第 i 個主成分記成 u_i，則至第 i 個爲止的累積貢獻率，即可如下具體的寫出：

$$第\ i\ 個爲止的累積貢獻率 = \frac{s_{u1}^{2} + s_{u2}^{2} + \cdots + s_{ui}^{2}}{s_{x}^{2} + s_{y}^{2} + s_{z}^{2} + \cdots}$$

採用至第幾個主成分才好呢？許多時候，所採用的基準值是累積貢獻率達 0.8（亦即 80%）之值。

譬如，至第 2 主成分爲止的貢獻率超過 0.8 時，第 3 主成分以下捨棄也行，可是注意此 0.8 的基準值，它本身並無理由的。

出現了各種用語，利用身邊的資料，整理用法看看。

對於左邊的資訊以統計分析軟體所計算的結果如下。

	第 1 主成分	第 2 主成分
主成分之式子	0.54× 共同 + 0.15× 專門 + 0.53× 英語 + 0.59× 面試 + 0.24× 論文	0.09× 共同 + 0.66× 專門 - 0.33× 英語 - 0.21× 面試 + 0.64× 論文
變異數	1964	1261
貢獻率	0.58	0.37
累積貢獻率	0.58	0.95

由此表可以認爲第 1 主成分是表示「總和力」，第 2 主成分是表示（專門性）（此種分析法的詳細情形容於下節調查），並且至第 2 主成分爲止的累積貢獻率也達到 0.95。亦即，至第 2 主成分爲止，可以說明數據本質的 95%。

由 5 個變量所構成的資料，即使只以第 1 主成分與第 2 主成分兩個角度來考察，幾乎可以說明全貌。

4-14變量點圖是理解主成分的幫手

從主成分的觀點來觀察時，資料的全貌即變得容易看，此事屢屢有過說明。可是，仍留有問題存在即就是主成分的意義。

求出主成分本身，只要交給電腦即可，可是由自己解釋所得到的結果，必須有助於資料理解才行。因之有需要使主成分的意義明確，理解主成分的意義，是主成分分析的要項。

當想要解釋所求出的主成分時，需要有幫手，此處出現的是稱為變量點圖。根據第4節所調查的資料與解析結果，試調查此變量點圖（plot）看看（第 2 主成分是以統計分析軟體求出）。

所謂變量點圖，是將所求出的主成分的式子視覺化的圖。具體來說以第 1 主成分為縱軸，第 2 主成分為橫軸（軸的取法相反的情形也有），並且將各變量的係數在座標中表示，譬如就「動力性能」來說，座標如下作出。

第 1 主成分的動力性能之係數＝ 0.75

⟹ 動力性能的座標（0.75，−0.17）

第 2 主成分的動力性能之係數＝ −0.17

■調查變量點圖的意義

車名	動力性能	空間性	設計
A	60	58	25
B	35	40	75
C	74	68	50
D	30	40	60
E	80	70	50
F	90	95	80
G	50	50	45

第 1 主成分
0.75× 動力性能 + 0.65× 空間性 + 0.01× 設計

第 2 主成分
−0.17× 動力性能 + 0.06× 空間性 + 0.98× 設計

對其他變量也進行同樣的操作，接著在相同的座標平面上將這些當作座標試著描點時，即如下圖。

■變量點圖的座標

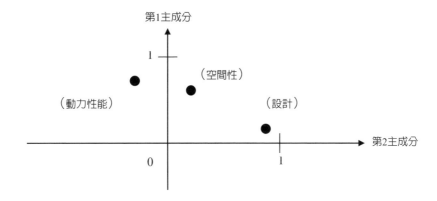

怎樣？各變量的位置變得非常容易看。由此圖可以立即讀取如下事項：

1. 第 1 主成分是各變量均被正面評價。
2. 第 2 主成分是動力性能與設計相反，設計受到較大的評價。

由以上可知，第 1 主成分是提供「總和評分」的觀點，並且第 2 主成分是提供評價「時髦性」的觀點。

由以上知道了，變量點圖是容易解釋主成分之意義的工具。此變量點圖可以利用 EXCEL 做出，並且利用專門的統計軟體也可以如下圖作出。

■專用統計分析軟體（SPSS）所輸出的變量點圖

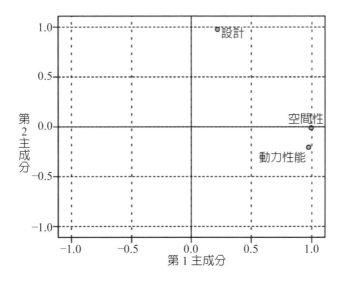

4-15以主成分分數掌握各個數據的特徵

如目前所考察的那樣,主成分是擔負著能簡潔整理資料全體所具有的特徵之任務。可是並不只是如此,構成資料的各個樣本的分析也是可能的。主成分是從容易眺望資料的角度來觀察,所以也可以使各個數據的特徵更為清楚可見。

從主成分所看的各個樣本之值稱為主成分分數,譬如主成分以 $u = ax + by + cz$ 表示時,第 i 個樣本的主成分分數即可如下定義:

$$a(x_i - \bar{x}) + b(y_i - \bar{y}) + c(z_i - \bar{z})$$

此處,x_i、y_i、z_i 是第 i 個樣本的變量 x、y、z 之值;$\bar{x}, \bar{y}, \bar{z}$ 是各變量之平均。

註:將第 i 號數據的主成分分數定義成 $ax_i + by_i + cz_i$ 的文獻也有。

試調查前節所考察的如下例子。

■計算主成分分數

車名	動力性能	空間性	設計
A	60	58	25
B	35	40	75
C	74	68	50
D	30	40	60
E	80	70	50
F	90	95	80
G	50	50	45

第 1 主成分
0.75× 動力性能 + 0.65× 空間性 + 0.01× 設計

第 2 主成分
−0.17× 動力性能 + 0.06× 空間性 + 0.98× 設計

如前節所考察的那樣,第 1 主成分是:

$$0.75× 動力性能 + 0.65× 空間性 + 0.01× 設計$$

A 車的第 1 主成分的主成分分數即為如下:

$$0.75×(60-60) + 0.65×(58-60) + 0.01×(25-55) = -4.2$$

按照這樣,就表中所顯示的各數據,試計算主成分分數至第 2 主成分為止。

車名	主成分分數 1	主成分分數 1
A	−4.2	−29.6
B	−29.9	22.9
C	15.3	−6.9
D	−35.1	9.0
E	21.1	−7.9
F	47.8	21.3
G	−15.0	−8.7

此主成分分數表是比原來的表，更清楚表現各個數據的特性。

　　如前節所考察的那樣，可以想成第 1 主成分是「綜合評價」，第 2 主成分是表示「時髦性」。因此，B 車由此表可以立即判斷出「綜合評價低但時髦性強」。

　　試將以上的主成分分數圖示看看，它即爲下圖的樣本點圖。各樣本的位置從視覺上即可可了解。

■圖示主成分分數

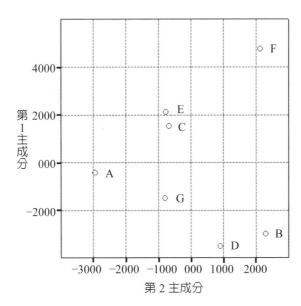

4-16單位不同的數據，主成分分析要標準化

在前面說明的例子中，數次使用了「車子的評價」。這是因為它是身邊容易理解的例子，但也有其他的理由，此資料是單位與位數一致的緣故。但是一般來說，構成資料的數據，單位是不一的，位數也不一定一致。譬如以下的資料即是。

■對資料的單位不一致進行主成分分析

	身高（m）	體重（kg）	跑 100m 的秒數
林一	1.65	63.5	15.5
林二	1.80	65.2	12.8
林三	1.62	57.6	14.0
林四	1.75	64.3	13.5
林五	1.59	55.7	12.9
林六	1.70	72.1	16,6
林七	1.73	78.2	17.2

對含有如此例那樣的不一致單位與位數的資料進行主成分分析時，變量的任務即變得不明。譬如，試對此資料求第 1 主成分看看：

第 1 主成分 = 0.005× 身高 + 0.983× 體重 + 0.184× 時間

只要觀察此式中的係數，賦與資料特徵的第 1 要素即為「體重」，與其他的變量相比，基於位數之不同，知它是對第 1 主成分有貢獻。可是它的解釋是錯的，因為資料之中體重之值比其他多 1 位數的緣故，外表上，體重顯然重要了。

像這樣，處理位數不一致的數據時，需要注意。因此，最方便的是「資料的標準化」。被標準化的變量 z 是將原來的變量 x 如下變換而成（第 1 章）。

數據的標準化 $z = \dfrac{x - m}{s}$（m 是變量 x 的平均、s 是其變異數）

如施與此變換時，單位不一致的變量即可加以調整，單位不一致的問題即可解除。試著將上頁的資料標準化，並對它求主成分看看。

第 1 主成分 = 0.430× 身高 + 0.700× 體重 + 0.571× 時間

如此一來即能理解，所有的變量都是均一地加以考量。
由此例發現了主成分分析的麻煩問題，那就是變換數據時，主成分就會改變。

　　說實在些，甚至連貢獻率也會改變。主成分與貢獻率，是有受測量尺度所影響之風險，是需要充分注意的地方。

　　但是如進行數據的標準化時，相關矩陣與變異數、共變異數矩陣是相同的（第 1 章）。

　　因此，爲了求出主成分，即變成求解相關矩陣的特徵值問題，因之許多的統計軟體，在求標準化之數據的主成分時，會出現指定相關矩陣的形式（下圖）。

■指定「相關矩陣」時即成爲標準化的主成分分析

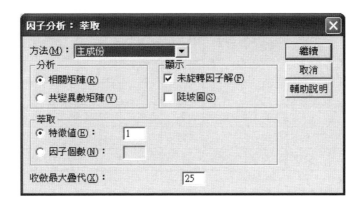

除指定共變異矩陣外，
也可指定相關矩陣。
指定相關矩陣即成爲標
準化的主成分分析。

4-17主成分分析的實際(1)

　　至目前為止的說明，想必對主成分分析的想法已有所理解。因此，在本節中以實際嘗試主成分分析看看。

　　對某商品形象進行意見調查之結果，進行主成分分析看看。假定有如下針對車子形象進行意見調查之結果。

■就車子形象進行意見調查的結果

車名	專家的	外形佳	喜歡	可愛	一般性	復古的	新手的	舒適的	討厭	想要
A	33	15	38	11	71	94	7	4	8	37
B	10	6	24	18	75	46	29	5	5	10
C	67	5	18	1	3	4	25	24	24	14
D	25	5	12	2	33	4	40	40	23	8
E	52	32	24	5	32	32	11	11	5	35
F	23	7	12	1	1	1	32	32	15	11
G	32	13	12	0	2	2	23	23	16	9
H	48	26	24	3	32	32	10	10	21	23
I	27	14	18	2	7	7	9	9	12	11
J	41	25	20	4	8	8	12	12	12	17

　　首先利用 EXCEL 調查此意見調查之結果看看。

　　如前面所考察的那樣，進行主分分析必須求出變異數 · 共變異數矩陣。如第 1 章所考察的，如利用 EXCEL 的統計函數（VAR、STDEV、COVAR）即可簡單求出。

　　實際計算時，變異數 · 共變異數矩陣成為如下。

■意見調查結果的變異數 · 共變異數矩陣

	專家的	外形佳	喜歡	可愛	一般性	復古的	新手的	舒適的	討厭	想要
專家的	273.07	67.62	14.93	−41.96	−113.73	−55.56	−65.78	−0.64	43.36	72.56
外形佳	67.62	95.51	28.71	−3.84	−45.40	56.56	−54.44	−61.64	−23.87	69.56
喜歡	14.93	28.72	63.51	29.18	109.73	223.11	−0.11	−76.24	−29.36	69.89
可愛	−41.96	−3.84	29.18	31.57	104.29	121.78	31.72	−42.41	−26.63	15.50
一般性	−113.73	−45.40	109.73	104.29	469.07	485.11	127.56	−123.69	−74.80	62.00
復古的	−55.56	56.56	223.11	121.78	485.11	873.33	41.00	−239.78	−112.67	233.22
新手的	−65.78	−54.44	−0.11	31.72	127.56	41.00	78.50	8.61	−4.17	−35.72
舒適的	−0.64	−61.64	−76.24	−42.41	−123.69	−239.78	8.61	148.99	58.99	−71.94
討厭	43.36	−23.87	−29.39	−26.63	−74.80	−112.67	−4.17	58.99	48.99	−33.17
想要	72.56	69.56	69.89	15.50	62.00	233.22	−35.72	−71.94	−33.17	114.72

　　由此矩陣可求出特徵值 λ_1 與特徵向量 u_1，此方法在第 1 章中曾考察過。利用 EXCEL 求解非常累人，結果以如下之值當作近似值得出：

特徵值 $\lambda_1 = 1418$

$u_1 = -0.08\times$ 專家的 $+ 0.03\times$ 外型佳 $+ 0.19\times$ 喜歡 $+ 0.12\times$ 可愛 $+ 0.50\times$ 一般性
　　$-0.77\times$ 復古的 $+ 0.07\times$ 新手的 $- 0.23\times$ 舒適的 $- 0.11\times$ 討厭 $+ 0.18\times$ 想要

4-18主成分分析的實際(2)

如之前所調查的，此特徵向量提供第 1 主成分。由係數的正負似乎可知，第 1 主成分可以想成是表示「直覺地好惡」。此乃挑出係數的絕對值較大的前 5 項，並按正負分割時，即被分類為表示本能上的好惡。

$$u_1 = 0.19 \times \text{喜歡} + 0.50 \times \text{一般性} + 0.77 \times + 0.18 \times \text{想要} - 0.23 \times \text{舒適的}$$

因此此意見調是表示「外表的好惡決定商品形象」。試從左邊的資料求各變量的變異數的總和看看，這是表現資料全體分散情形的量，它是 2195。

特徵值 $\lambda_1 = 1418$ 提供了第 1 主成分的變異數，因之第 1 主成分的貢獻率是：

$$\text{第 1 主成分的貢獻率} = \frac{1418}{2195} \times 100\% = 64.5\%$$

知第 1 主成分亦即「直覺的好惡」決定商品形象近乎 65%。為了提高主成分分析的精確度，必須求至第 2 主成分為正，可是想要求到第 2 主成分為正時，以 EXCEL 是很麻煩的，還是需要專用的統計分析軟體。因此以下利用專用的統計分析軟體，試求到第 2 主成分為止的特徵值與貢獻率看看。

主成分 NO.	特徵值	貢獻率（%）	累積貢獻率
1	1418	64.6	64.6
2	451	20.6	85.2

從累積貢獻率來看，以第 1 主成分及第 2 主成分可以說明 85% 以上的資訊。因此，以第 1 主成分與第 2 主成分可以充分說明資料。具體求出主成分，再整理成表看看。

變量	主成分 1	主成分 2
專家的	−0.08	−0.63
外形佳	0.03	−0.36
喜歡	0.19	−0.13
可愛	0.12	0.10
一般性	0.50	0.39
復古的	0.77	−0.18
新手的	0.07	0.32
舒適的	−0.23	0.17
討厭	−0.11	−0.01
想要	0.18	−0.36

　專用的統計分析軟體的好處是可以簡單進行這些的計算，且仍然有優點，此即可以同時製作之前所考察的變量點圖。

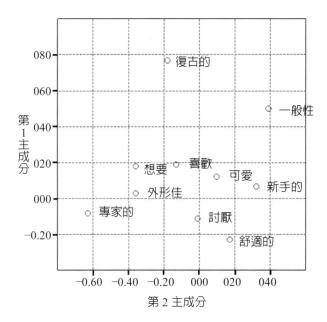

4-19主成分分析的實際(3)

■意見調查結果的變量

由此圖也可了解，第 1 主成分是表示「直覺上的好惡」。

第 2 主成分可以想出是表示什麼嗎？此變量點圖也可顯示其答案，由圖可知第 2 主成分可以解釋成表示「設計或技術性商品的價值評價」。左側是排列出車子具有的價值，相對的右側並非表示車子的價值，第 2 主成分想成是表示車子價值的評價也無問題。

如以上，看起來複雜的意見調查結果，可以從 2 個觀點分析，回答意見調查的人是從「直覺上的好惡」以及「商品本身的價值評價」之 2 個立場來勾畫車子的形象。在進行商品開發時，鎖定此 2 個觀點構思企畫為宜，其次，進行各個商品的評價，這是要計算主成分分數。

■主成分分數

	主成分 1	主成分 2
A	83.9	−8.7
B	45.5	38.9
C	−23.3	−10.4
D	−24.3	24.0
E	10.6	−28.7
F	−36.7	8.0
G	−20.4	11.4
H	0.6	−25.3
I	−19.4	2.0
J	−16.4	−11 4

如做出樣本點圖來表示時，會變得更容易看。

■主成分分數（樣本描點）

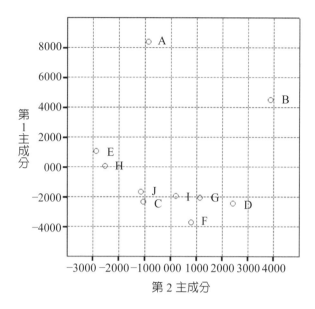

譬如 A 車被描點在圖上的 A 點處，由此位置似乎可知 A 車是「感覺佳，但未帶有實體」。

Note

_____

_____

_____

_____

_____

_____

_____

_____

_____

_____

_____

_____

_____

_____

_____

_____

_____

第5章
因素分析

5-1 以少數的因素說明資料的因素分析

在處理複雜的現象時，我們經常會以單純的原因斷然地下結論，像是「他有理科方面的才能所以理科很拿手，但因為無文科方面的才能所以國語不擅長」、「血型是 O 型所以是馬馬虎虎的人」等，在社會上單純地斷然表現甚是泛濫。

像這樣，想以單純要因說明複雜現象的統計手法正是因素分析。統計的現象背後，理應有許多的要因，將要因縮減為少數特定的共同因素，然後以共同因素說明資料的是因素分析。

此想法類似科學世界的原子論，原子論是認為幾個原子相組合後演變出複雜的現象。即使是統計的世界，也是認為幾個因素組合後再演變出複雜的現象。

讓同一系列便利商店的 A 店與 B 店登場，具體地調查因素分析的想法看看。假定 A 店與 B 店，以某種意見調查得出如下的評分。

■ 2 家便利商店的評價

店名	品項齊全	氣氛	親近感	寬闊感
A	56	54	48	46
B	44	56	42	44

即使是同一系列的便利商店，卻因店長的主持方式或地址等的種種條件而有各種的個性。因此，試以因素分析的手段尋找潛在於便利商店的此等個性看看。因素分析是假定資料的背後，存在有少數的共同因素，在此便利商店的例子中，假定有「硬體因素」與「軟體因素」的 2 個共同因素。

店長等的精心規畫，評價是會改變的，該要因稱為「軟體因素」。並且依地理上、物理上的條件，評價也會受到影響，此要因稱為「硬體因素」。

註：實際的因素分析，假定的只是因素數而已。對該因素命名，是方便說明模式。

就此處所假定的 2 個因素來說，各家便利商店的擁有量被認為是不同的，因此假定此 2 家店擁有下表中所示的因素量（因素分數）。

店名	軟體因素	硬體因素
A	60	40
B	40	60

由此表可以想像 A 店的店長有優越的規劃力，以及 B 店接近車站或用地寬闊度等，得力於物理性的要因。

其次，被認為獨特的負荷對此等因素發揮作用，各變量之值（目前的情形是意見調查的評價）才得以實現，譬如「品項齊全」當然也受到店長的主持方式（亦即軟體因素）所左右，也與店的物理上的寬闊（亦即硬體因素）有關。

因此，試著想成「品項齊全」的變量，是讓 0.8 的負荷作用在軟體因素的量上，讓 0.2 的負荷作用在硬體因素的量上所得出之值。

品項齊全的評分 = 0.8× 軟體因素量 + 0.2× 硬體因素量

以 A 店的情形來說：

A 店的品項齊全的評分 = 0.8×60 + 0.2×40 = 56

註：為了得出變量，作用在因素分數的 0.8、0.2 等的負荷稱為因素負荷量，目前是假定的數值。第 2 節以後，會以理論的方式求此數值。

■因素分數乘上因素負荷量，店的評價即可決定

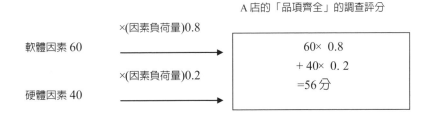

A 店的「品項齊全」的調查評分

軟體因素 60 　　×(因素負荷量)0.8

硬體因素 40 　　×(因素負荷量)0.2

$$60\times 0.8$$
$$+40\times 0.2$$
$$=56 分$$

其他的調查評分，假定同樣得出，這些負荷量假定如下所提供。

變量	軟體因素	硬體因素
品項齊全	0.8	0.2
氣氛	0.5	0.6
親近感	0.6	0.3
寬闊感	0.5	0.4

於是 A 店的「品項齊全」以外的評分，如下求出：

A 店的氣氛 = 0.5×60 + 0.6×40 = 54
A 店的親近感 = 0.6×60 + 0.3×40 = 48
A 店的寬闊感 = 0.5×60 + 0.4×40 = 46

請看最初所登場之便利店的調查資料。A 店的調查評價值完全重現！實際的統計資料，當然不會此種以完美的因素模式來說明。可是，以此因素模式能說明大多數資料的也有很多，而且此種因素如能發現時，理應成為資料分析的一大武器。

以上例子，因素分析欲說明之處想必變得明確。從下節起，考察其實際情形。

5-2 以數學的方式表現因素分析(1)

第 1 節中考察了因素分析的想法，本節起正式進入因素分析的世界。

本書中所考察的多變量分析之中，因素分析是最數學的。因此會有比以往更多數學式子，如果覺得「沉悶」時，只要當作瀏覽數學式子即可，即使如此仍可傳達因素分析的理論概要。

實際的分析因可利用統計分析軟體，甚至不需要理解到數學理論的詳細情形，只要能理解理論的概要，就不會有不自由的感覺了。

爲了使話題具體，與第 1 節一樣，決定考察便利商店的意見調查評價。店是考察 1 號店、2 號店、…、n 號店等 n 家店舖，變量 z 當作「品項齊全」、「氣氛」、「親近感」、「寬闊感」等 4 個，如下表所示分別以 $z_品$、$z_氣$、$z_親$、$z_寬$ 表示，並且這些變量（由實際的數據所得者稱爲實測值）當作已標準化（第 1 章）。

■ 1 號店～n 號店的各變量

店	品項齊全（$Z_品$）	氣氛（$Z_氣$）	親近感（$Z_親$）	寬闊感（$Z_寬$）
1	$Z_{1品}$	$Z_{1氣}$	$Z_{1親}$	$Z_{1寬}$
2	$Z_{2品}$	$Z_{2氣}$	$Z_{2親}$	$Z_{2寬}$
⋮				
k	$Z_{k品}$	$Z_{k氣}$	$Z_{k親}$	$Z_{k寬}$
⋮				
n	$Z_{n品}$	$Z_{n氣}$	$Z_{n親}$	$Z_{n寬}$

此處 z 的各數據所附加的足碼之意義，是第 1 個足碼表示店，第 2 個足碼表示變量。資料的背後假定有 2 個因素（說明的方便，暫時稱爲「軟體因素」與「硬體因素」），並且假定店分別具有如下所示的因素量。

店	軟體因素	硬體因素
1	f_{1S}	f_{1H}
2	f_{2S}	f_{2H}
⋮	⋮	⋮
k	f_{kS}	f_{kH}
⋮	⋮	⋮
n	f_{nS}	f_{nH}

此表的各值稱為各店的因素分數。f的第1足碼是表示店，第2足碼是表示因素，並且4個變量之值想成將如下的負荷乘上2個因素所得出。

變量	軟體因素	硬體因素
品項齊全（$Z_{品}$）	$a_{品S}$	$a_{品H}$
氣氛（$Z_{氣}$）	$a_{氣S}$	$a_{氣H}$
親近感（$Z_{親}$）	$a_{親S}$	$a_{親H}$
寬闊感（$Z_{寬}$）	$a_{寬S}$	$a_{寬H}$

如第1節所考察的，這些值稱為因素負荷量。表示因素對各變量的影響度，請好好理解因素負荷量的足碼的意義。a的第1個足碼是變量，第2足碼是因素。

k號店的「品項齊全」之評價

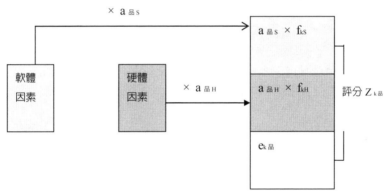

■獨自部分是共同因素無法說明的要素

在第1節中曾考察過能以因素分析模式完美說明的資料，可是實際上，各便利店均具有只以共同因素仍無法說明的獨自要素。本書將此稱為獨自部分，將它表示於如下的表中，e的第1個足碼是表示店，第2足碼是表示變量。

店	品項齊全（$Z_{品}$）	氣氛（$Z_{氣}$）	親近感（$Z_{親}$）	寬闊感（$Z_{寬}$）
1	$e_{1品}$	$e_{1氣}$	$e_{1親}$	$e_{1寬}$
2	$e_{2品}$	$e_{1氣}$	$e_{1親}$	$e_{1寬}$
⋮	⋮	⋮	⋮	⋮
k	$e_{k品}$	$e_{1氣}$	$e_{1親}$	$e_{1寬}$
⋮	⋮	⋮	⋮	⋮
n	$e_{n品}$	$e_{1氣}$	$e_{1親}$	$e_{1寬}$

5-3 以數學的方式表現因素分析(2)

■圖示獨自部分的關係

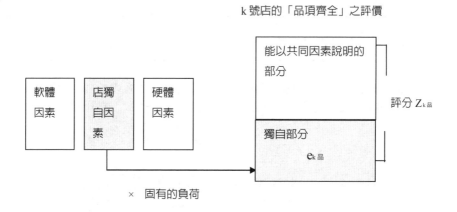

以上因素分析所需之值已全部出現，試將這些值之關係整理看看。譬如，k 號店的「品項齊全」的意見調查評價，假定可以如下計算：

$$Z_{k品} = a_{品s} f_{ks} + e_{k品} \qquad ①$$

試將此以用語表現時，即為如下：

> k 號店的「品項齊全」評分
> ＝品項齊全的軟體因素負荷量 × k 號店的軟體因素的擁有量
> ＋品項齊全的硬體因素負荷量 × k 號店的硬體因素的擁有量
> ＋由獨自部分所產生的評分

由①式的關係予以圖示時，即為如下。

■圖示 $Z_{k品} = a_{品S}f_{kS} + a_{品H}f_{kH} + e_{k品}$的關係

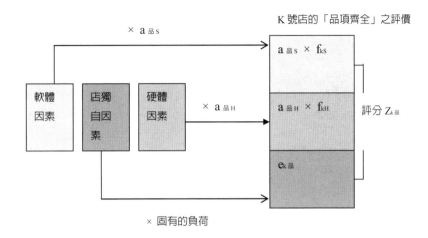

此關係並不只限於「品項齊全」的變量，其他的變量也是一樣。因爲很重要，因之不厭其煩將它們列出：

$$Z_{k氣} = a_{氣S}f_{kS} + a_{氣H}f_{kH} + e_{k氣} \qquad ②$$
$$Z_{k親} = a_{親S}f_{kS} + a_{親H}f_{kH} + e_{k親} \qquad ③$$
$$Z_{k寬} = a_{寬S}f_{kS} + a_{寬H}f_{kH} + e_{k寬} \qquad ④$$

以上的①～④是因素分析的數學表現，是因素分析出發點的關係式，一面與第一節中的例子相對照，一面好好地理解。

而且方程式①～④的組數有 n 組，亦即總計有 4n 組。最後，試著確認可由資料提供什麼？此後想要求什麼？

請再看一次①～④左邊的 $Z_{k品}$ 等顯然是由資料所提供，可是右邊的 $a_{品S}$、f_{kS}、$a_{品H}$、f_{kH}、$e_{k品}$ 等任一者均不得而知，k 只是樣本數的改變，所以碰到了非常麻煩的聯立方程式。

因此，此後要設立適當的假定，目標集中在變形爲略爲簡單的方程式吧！

小博士解說

因素分析的矩陣表現

在許多的多變量分析的解說中，是以矩陣表現因素分析的數學模式。如使用矩陣時，式子就會變得更美觀。

首先，如下定義矩陣 Z、F、A、E。

$$Z = \begin{bmatrix} z_{1品} & z_{1氣} & z_{1親} & z_{1寬} \\ z_{2品} & z_{2氣} & z_{2親} & z_{2寬} \\ \vdots & \vdots & \vdots & \vdots \\ z_{n品} & z_{n氣} & z_{n親} & z_{n寬} \end{bmatrix} \qquad F = \begin{bmatrix} f_{1S} & f_{1H} \\ f_{2S} & f_{2H} \\ \vdots & \vdots \\ f_{nS} & f_{nH} \end{bmatrix}$$

$$A = \begin{bmatrix} a_{品S} & a_{品H} \\ a_{氣S} & a_{氣H} \\ a_{親S} & a_{親H} \\ a_{寬S} & a_{寬H} \end{bmatrix} \qquad E = \begin{bmatrix} e_{1品} & e_{1氣} & e_{1親} & e_{1寬} \\ e_{2品} & e_{2氣} & e_{2親} & e_{2寬} \\ \vdots & \vdots & \vdots & \vdots \\ e_{n品} & e_{n氣} & e_{n親} & e_{n寬} \end{bmatrix}$$

F 稱為因素分數矩陣，A 稱為因素負荷矩陣。利用這些時①～④式可以如下表示：

$$Z = FA^t + E$$

註：A^t 是指 A 的轉置矩陣（附錄 4）。怎麼樣？是否變得美觀些？

以矩陣整理整頓時，可以簡潔地表現成 $Z = FA^t + E$。

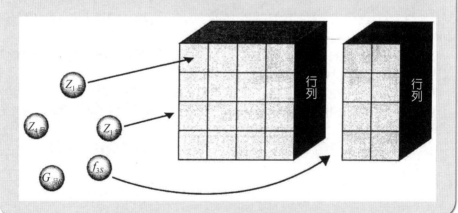

Note

5-4 以因素模式眺望變異數(1)

上節中已求出了因素分析的數學表現。所謂因素分析終究是以如下的式子所表現的數學模式。

繁雜的因素分析數學模式

$$Z_{k品} = a_{品S}f_{kS} + a_{品H}f_{kH} + e_{k品} \qquad ①$$
$$Z_{k氣} = a_{氣S}f_{kS} + a_{氣H}f_{kH} + e_{k氣} \qquad ②$$
$$Z_{k親} = a_{親S}f_{kS} + a_{親H}f_{kH} + e_{k親} \qquad ③$$
$$Z_{k寬} = a_{寬S}f_{kS} + a_{寬H}f_{kH} + e_{k寬} \qquad ④$$

附帶一提，此等方程式組只有樣本數是存在的。任誰看了①～④式都不會覺得容易理解，它的理由終究是字母太多，因此設法減少字母看看。

■因素分數的標準化

首先，試著把注意放在各變量的標準化（第 1 章）。於是平均變成 0，變異數變成 1。譬如就變量「品項齊全」來考察時，可以寫成：

$$「品項齊全」的變異數 = \frac{1}{n-1}(e_{1品}^2 + e_{2品}^2 + ... + e_{n品}^2) = 1$$

因之，變成

$$e_{1品}^2 + e_{2品}^2 + ... + e_{n品}^2 = n-1$$

將因素模式的式①就 k = 1、2、…、n 分別代入上式看看。

$$\left(a_{品S}f_{1S} + a_{品H}f_{1H} + e_{1品}\right)^2 + \left(a_{品S}f_{2S} + a_{品H}f_{2H} + e_{2品}\right)^2 + ... + \left(a_{品S}f_{nS} + a_{品H}f_{nH} + e_{n品}\right)^2$$
$$= n-1$$

接著，展開並將同類的項加以整理看看。

$$\left.\begin{aligned}
&a_{品S}^2\left(f_{1S}^2 + f_{2S}^2 + \cdots + f_{nS}^2\right) + a_{品H}^2\left(f_{1H}^2 + f_{2H}^2 + \cdots + f_{nH}^2\right) \\
&+ 2a_{品S}a_{品H}\left(f_{1S}f_{1H} + f_{2S}f_{2H} + \cdots + f_{nS}f_{nH}\right) \\
&+\left(e_{1品}^2 + e_{2品}^2 + ... + e_{n品}^2\right) \\
&+ 2a_{品S}\left(f_{1S}e_{1品} + f_{2S}e_{2品} + \cdots + f_{nS}e_{nS}\right) + 2a_{品H}\left(f_{1H}e_{1品} + f_{2H}e_{2品} + \cdots + f_{nH}e_{n品}\right)
\end{aligned}\right\} ⑤$$

到此為止，可以看出某種端倪。就⑤式的各列來查看它的意義吧，請看⑤式的第 1 列，出現 2 個之和：

$$\left(f_{1S}^2 + f_{2S}^2 + \cdots + f_{nS}^2 \right) \, 、 \, \left(f_{1H}^2 + f_{2H}^2 + \cdots + f_{nH}^2 \right)$$

　　f_{ks}、f_{kH} 是第 k 個樣本所具有的因素量，亦即因素分數。如試著回想看看時，知對各樣本的因素分數的測量方式並未有任何規定，因此即使採用成立如下關係的測量方式，也不會發生任何問題：

$$\left(f_{1S} + f_{2S} + \cdots + f_{nS} \right) = 0 \, 、 \, \left(f_{1H} + f_{2H} + \cdots + f_{nH} \right) = 0 \qquad ⑥$$

$$\frac{1}{n-1} \left(f_{1S}^2 + f_{2S}^2 + \cdots + f_{nS}^2 \right) = 1 \, 、 \, \frac{1}{n-1} \left(f_{1H}^2 + f_{2H}^2 + \cdots + f_{nH}^2 \right) = 1 \qquad ⑦$$

■因素的測量尺度

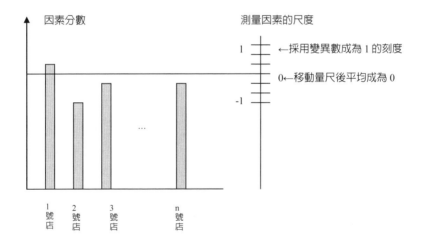

　　以統計學的用語來說，⑥式是表示因素分數的平均成為 0，⑦式是表示它的變異數成為 1，亦即已經是標準化後的數據（第 1 章）。

5-5 以因素模式眺望變異數(2)

■因素的獨特性

請看前面⑤式的第 2 列，出現如下之和：

$$f_{1S}f_{1H} + f_{2S}f_{2H} + \cdots + f_{nS}f_{nH}$$

因素分數 f_{1S}、f_{1H} 等，可以想成是已標準化的數據，因之此和如借用統計學的用語來說，是與變異數（或相關係數）成比例（第 1 章）。

但是各個因素是表示不同的內容，因素可以想成是像構成物質的原子那樣的東西，因之不允許與其他因素具有共同的部分，以前節所考察的便利商店的例子來說，軟體因素與硬體因素有如「油與水」是完全不相容的。

因此，各樣本具有的因素量（因素分數）之間，可以想成是沒有相關的。在目前所考察的便利商店中，各店具有的軟體因素與硬體因素並無相關，亦即共變異數可以表現成 0。

由此知⑤的第 2 列之和成為零，亦即：

$$\frac{1}{n-1}(f_{1S}f_{1H} + f_{2s}f_{2H} + ... + f_{ns}f_{nH}) = 0$$

$$\therefore f_{1S}f_{1H} + f_{2S}f_{2H} + \cdots + f_{nS}f_{nH} = 0$$

⑧

■獨自部分的平方和是與變異數成比例

請看⑤式的第 3 列，出現以下的和：

$$e_{1品}^2 + e_{2品}^2 + ... + e_{n品}^2$$

⑨

就此等獨自部分 $e_{1品}$、$e_{2品}$…來說，是不允許預先判斷的，譬如請看基本式①，亦即：

$$Z_{k品} = a_{品S}f_{kS} + a_{品H}f_{kH} + e_{k品}$$

①

似乎可以了解，獨自部分是與實際所觀測的量（$Z_{k品}$）有直接關係的，不能以任意的尺度來測量，它是直接反映在觀測結果。

■圖示獨自部分的關係

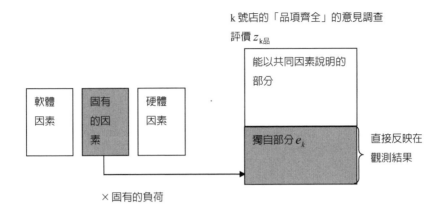

從①～④來看獨自部分的平均是 0，是可以簡單理解的。以實際的①來調查時，實測值 $z_{k品}$，因素分數 f_{kS}、f_{kH} 的平均是 0，因此「品項齊全」的獨自部分的平均即爲 0 是可以簡單理解的。

■獨自部分雖有正與負，但平均爲 0

$$Z_{k品} = a_{品S}f_{kS} + a_{品H}f_{kH} + e_{k品} \leftarrow 由 Z_{K品}、f_{kS}、f_{kH} 的平均爲 0，因此 e_{k品} 也爲 0。$$

（平均 0）（平均 0）（平均 0）

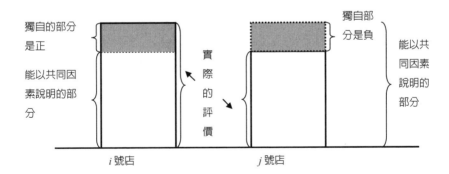

像這樣獨自部分的平均成爲 0，因之有關「品項齊全」的獨自部分的變異數 $V_{品}{}^2$ 即可如下表示：

$$\frac{1}{n-1}(e_{1品}{}^2 + e_{2品}{}^2 + ... + e_{n品}{}^2) = V_{品}{}^2$$

5-6 以因素模式眺望變異數(3)

此後⑨式之和即可以如下的 $V_{品}{}^2$ 表示：

$$e_{1品}{}^2 + e_{2品}{}^2 + ... + e_{n品}{}^2 = (n-1)V_{品}{}^2 \qquad ⑩$$

成為出發點的⑤式是有關變量「品項齊全」。對於其他的變量，當然也是成立的。

$$\left.\begin{array}{l} e_{1氣}{}^2 + e_{2氣}{}^2 + ... + e_{n氣}{}^2 = (n-1)V_{氣}{}^2 \\ e_{1親}{}^2 + e_{2親}{}^2 + ... + e_{n親}{}^2 = (n-1)V_{親}{}^2 \\ e_{寬}{}^2 + e_{2寬}{}^2 + ... + e_{n寬}{}^2 = (n-1)V_{寬}{}^2 \end{array}\right\} \qquad ⑩$$

此處 $V_{氣}{}^2$、$V_{親}{}^2$、$V_{寬}{}^2$ 分別是表示有關「氣氛」、「親近感」、「寬闊感」的獨自部分的變異數。

■共同因素的量與獨自部分的量相互無相關

請看⑤式的第 4 列，出現如下之和：

$$f_{1S}e_{1品} + f_{2S}e_{2品} + ... + f_{nS}e_{n品}, \; f_{1H}e_{1品} + f_{2H}e_{2品} + ... + f_{nH}e_{n品}$$

f_{ks}、f_{kH}、$e_{k品}$ 分別是表示第 k 號應否具有的軟體因素、硬體因素以及獨自部分。所謂獨自部分是說無法由共同因素（亦即軟體因素、硬體因素）來說明，有如從「獨自」的原因所產生，因此可以想成共同因素與獨自因素無關係，亦即無相關。

無關係在數學上是指共變異數為 0（第 1 章）。此事試就硬體因素與「品項齊全」套用時，即能以如下的式子來表示：

$$\frac{1}{n-1}(f_{1H}e_{1品} + f_{2H}e_{2品} + ... + f_{nH}e_{n品}) = 0$$

此處利用各變量的平均為 0，由此知⑤式的第 4 列之和，成立如下的關係式：

$$\left.\begin{array}{l} f_{1S}e_{1品} + f_{2S}e_{2品} + ... + f_{nS}e_{n品} = 0 \\ f_{1H}e_{1品} + f_{2H}e_{2品} + ... + f_{nH}e_{n品} = 0 \end{array}\right\} \qquad ⑪$$

試將以上所考察的⑥～⑪代入⑤式看看：

$$a_{品S}{}^2(f_{1S}{}^2 + f_{2S}{}^2 + ... + f_{nS}{}^2) + a_{品H}{}^2(f_{1H}{}^2 + f_{2H}{}^2 + ... + f_{nH}{}^2)$$

由⑦是 $n-1$　　　　　　　　由⑦是 $n-1$

$$+ a_{品S}a_{品H}(f_{1S}f_{1H} + f_{2S}f_{2H} + \cdots + f_{nS}f_{nH})$$

由⑧是 0

$$+ (e_{1品}{}^2 + e_{2品}{}^2 + \cdots + e_{n品}{}^2)$$

由⑪是 $(n-1)\,V_{品}{}^2$

$$+ a_{品S}(f_{1S}e_{1品} + f_{2S}e_{2品} + \cdots + f_{nS}e_{n品}) + a_{品H}(f_{1H}e_{1品} + f_{2H}e_{2品} + \cdots + f_{nH}e_{n品})$$

由⑪是 0　　　　　　　　　　由⑪是 0

$$= (n-1)a_{品S}{}^2 + (n-1)a_{品H}{}^2 + (n-1)V_{品}{}^2 = n-1$$

亦即：

$$a_{品S}{}^2 + a_{品H}{}^2 + V_{品}{}^2 = 1 \qquad ⑫$$

此即爲本節的結論，它比式①～⑫更爲簡單。

⑫是對變量「品項齊全」所調查的結果，對其他的變量也是一樣。雖然有些囉嗦，但再次整理成如下：

$$\left.\begin{array}{l} a_{氣S}{}^2 + a_{氣H}{}^2 + ... + V_{氣}{}^2 = 1 \\ a_{親S}{}^2 + a_{親H}{}^2 + ... + V_{親}{}^2 = 1 \\ a_{寬S}{}^2 + a_{寬H}{}^2 + ... + V_{寬}{}^2 = 1 \end{array}\right\} \qquad ⑫$$

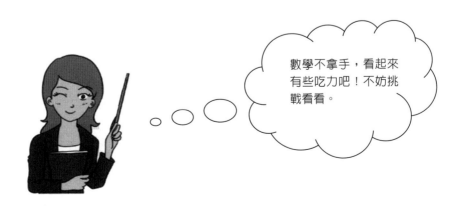

數學不拿手，看起來有些吃力吧！不妨挑戰看看。

5-7 以因素模式眺望共變異數

在第 2 節中已得出因素分析的數學表現，是以下式所表示的統計模式：

$$Z_{k品} = a_{品S}f_{kS} + a_{品H}f_{kH} + e_{k品} \qquad ①$$

$$Z_{k氣} = a_{氣S}f_{kS} + a_{氣H}f_{kH} + e_{k氣} \qquad ②$$

$$Z_{k親} = a_{親S}f_{kS} + a_{親H}f_{kH} + e_{k親} \qquad ③$$

$$Z_{寬} = a_{寬S}f_{kS} + a_{寬H}f_{kH} + e_{k寬} \qquad ④$$

式子的不易看是因為字母的種類太多，因此前述中，將①～④代入變異數的式子，導出了簡單的關係式。此處將①～④代入共變異數式子中，試導出簡單的關係式。

以變量間共變異數的具體例來說，試著考察意見調查項目的「品項齊全」與「氣氛」。變量已標準化，因之共變異數即與相關係數一致，滿足以下的關係（第1章）：

$$\frac{1}{n-1}(Z_{1品}Z_{1氣} + Z_{2品}Z_{2氣} + \ldots + Z_{n品}Z_{n氣}) = r_{品氣}$$

右邊的 $r_{品氣}$ 是「品項齊全」與「氣氛」的相關係數，將因素模式的式①、②代入到左邊的 ( ) 之中式子看看：

$$(a_{品S}f_{1S} + a_{品H}f_{1H} + e_{1品})(a_{氣S}f_{1S} + a_{氣H}f_{1H} + e_{1氣})$$
$$+ (a_{品S}f_{2S} + a_{品H}f_{2H} + e_{2品})(a_{氣S}f_{2S} + a_{氣H}f_{2H} + e_{2氣}) + \ldots$$
$$+ (a_{品S}f_{nS} + a_{品H}f_{nH} + e_{n品})(a_{氣S}f_{nS} + a_{氣H}f_{nH} + e_{n氣})$$

展開並整理同類，然後代入前節的⑦～⑪的結果：

$$a_{品S}a_{氣S}(f_{1S}^2 + f_{2S}^2 + \cdots + f_{nS}^2) + a_{品H}a_{氣H}(f_{1H}^2 + f_{2H}^2 + \cdots + f_{nH}^2)$$

由前節的⑦是 $n-1$　　　　由前節的⑦是 $n-1$

$$+(e_{1品}e_{1氣} + e_{2品}e_{2氣} + \cdots + e_{n品}e_{n氣})$$
$$= (a_{品S}a_{氣H} + a_{品H}a_{氣S})(f_{1S}f_{1H} + f_{2S}f_{2H} + \cdots + f_{nS}f_{nH})$$

由前節的⑧是 $n-1$

$$+ a_{品S}(f_{1S}e_{1氣} + f_{2S}e_{2氣} + \cdots + f_{nS}e_{n氣}) + a_{品H}(f_{1H}e_{1氣} + f_{2H}e_{2氣} + \cdots + f_{nH}e_{n氣})$$

由前節的⑪是 0　　　　　　由前節的⑪是 0

$$+ a_{品S}(f_{1S}e_{1品} + f_{2S}e_{2品} + \cdots + f_{nS}e_{n品}) + a_{品H}(f_{1H}e_{1品} + f_{2H}e_{2品} + \cdots + f_{nH}e_{n品})$$

由前節的⑪是 0　　　　　　由前節的⑪是 0

因之⑤式可以整理成下式：

$$a_{品S}a_{氣S} + a_{品H}a_{氣H} + \frac{1}{n-1}(e_{1品}e_{1氣} + e_{2品}e_{2氣} + ... + e_{n品}e_{n氣}) = V_{品氣} \qquad ⑥$$

可是⑥式仍留有麻煩的和，它即為以下的⑦式：

$$e_{1品}e_{1氣} + e_{2品}e_{2氣} + ... + e_{n品}e_{n氣} \qquad ⑦$$

試考察此和。先試著寫出變量「品項齊全」與「氣氛」獨自部分的共變異數：

$$s_{品氣} = \frac{1}{n-1}(e_{1品}e_{1氣} + e_{2品}e_{2氣} + ... + e_{n品}e_{n氣})$$

請確認⑦式之和是列在其中的，但是此共變異數 $s_{品氣}$ 會是何種之值呢？是的！它是零。此可從獨自部分如其名為「獨自」，相互間無相關得知的。

■獨自部分相互無相關

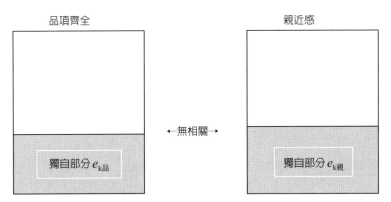

共變異數是表示相關強度的量，如無相關當然值亦為 0，因此可以得出下式：

$$e_{1品}e_{1氣} + e_{2品}e_{2氣} + ... + e_{n品}e_{n氣} = 0 \qquad ⑧$$

如此準備已就緒，將⑧式代入⑥式時，可以得出下式：

$$a_{品S}a_{氣S} + a_{品H}a_{氣H} = v_{品氣} \qquad ⑨$$

對其他的變量也可得出同樣的關係式。譬如「氣氛」與「寬闊感」之間，可得出如下的關係式：

$$a_{氣S}a_{寬S} + a_{氣H}a_{寬H} = v_{氣寬} \qquad ⑨$$

試著與因素模式出發點的最初式子①～④相比較，與第 3 節的結果一樣，實際上變得很簡單。此等⑨式的組合即為本節的結論式。

5-8 表示共同因素之說明力的共同性(1)

第2節中以數式表現了因素分析的模式，它可以如下表示：

$$
\left.
\begin{aligned}
z_{k品} &= a_{品S} f_{kS} + a_{品H} f_{kH} + e_{k品} \\
z_{k氣} &= a_{氣S} f_{kS} + a_{氣H} f_{kH} + e_{k氣} \\
&\vdots
\end{aligned}
\right\}
\qquad ①
$$

此聯立方程式包含甚多的字母。K 是樣本的號碼，此聯立方程式的組數有 n 組，處理此種立方程式是非常累人的！

因此，於之前內容中，設定各種條件減少字母，導出如下的方程式，這些是目前討論的結論式：

$$
\left.
\begin{aligned}
a_{品S}{}^2 + a_{品H}{}^2 + V_{品}{}^2 &= 1 \\
a_{氣S}{}^2 + a_{氣H}{}^2 + V_{氣}{}^2 &= 1 \\
&\vdots \\
a_{品S} a_{氣S} + a_{品S} a_{氣S} &= r_{品氣} \\
a_{氣S} a_{寬S} + a_{氣S} a_{寬S} &= r_{氣寬} \\
&\vdots
\end{aligned}
\right\}
\qquad ②
$$

字母已減少許多。如果是這樣，似乎可以設法解決。可是實際想要求解時，卻出現問題，在這些方程式之中，獨自部分（像 $V^2_{品}$ 等）並未確定，此獨自部分在因素模式中無法處理，此只能估計。

■獨自部分只能估計

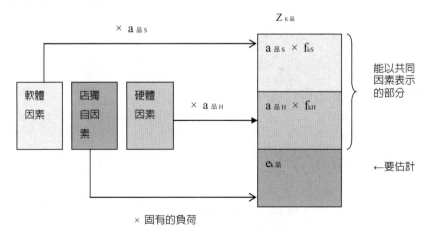

■ 何謂共同性

對於如何估計此獨自部分容於下節考察，本節是它的事前準備。首先出現的是共同性。

請看前頁②的最上式，$V_品^2$ 是包含在「品項齊全」的獨自部分的變異數。雖然重複，但此從因素分析的模式是無法理解的，因此將此②的最上式變形成如下看看：

$$a_{品S}^2 + a_{品H}^2 = 1 - V_品^2 \qquad ③$$

有關「品項齊全」的共同性是指左邊的 $a_{品S}^2 + a_{品H}^2$（其他變量也一樣）。換言之，將②式分解成能在因素模式中解決的部分與無法解決的部分，並且能以因素模式解決的部分是指能以共同因素說明的部分，因之稱爲「共同性」。

$$\underbrace{a_{品S}^2 + a_{品H}^2}_{\text{有關「品項齊全」之共同性}} = 1 - V_品^2$$

那麼，試就此共同性的意義考察看看。關於此，必須就「變量具有的資訊量」進行確認。如第 1 章第 2 節所考察的，數據具有的資訊量可以想成是變異數，變異數愈大，就愈含有豐富的資訊。所謂變異數，換言之可以想成是資料具有的資訊量。

共同性可以想成資料具有的資訊量！

5-9 表示共同因素之說明力的共同性(2)

■變異數＝資料所具有的資訊量

$V_{品}^2$ 是包含在「品項齊全」

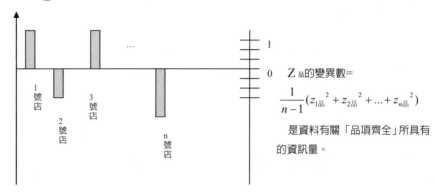

$Z_{品}$的變異數＝

$$\frac{1}{n-1}(z_{1品}^2 + z_{2品}^2 + ... + z_{n品}^2)$$

是資料有關「品項齊全」所具有的資訊量。

但是，標準化之變量「品項齊全」$Z_{品}$的變異數是 1。

$$Z_{品}的變異數 = \frac{1}{n-1}(z_{1品}^2 + z_{2品}^2 + ... + z_{n品}^2) \qquad ④$$

如目前所考察的，變異數可以想成是該變量具有的資訊量，因之變量「品項齊全」$Z_{品}$具有的資訊量為 1。

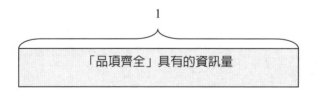

1

「品項齊全」具有的資訊量

■共同性的意義

至目前為止準備已就緒，試著調查先前所引進的「共同性」的意義吧。再次考察變量「品項齊全」看看，請看基本式①，亦即下式：

$$z_{k品} = a_{品S}f_{kS} + a_{品S}f_{kS} + e_{k品} \ (k = 1,2,\cdots,n) \qquad ①$$

在共同因素完全支配的世界裡，獨自部分 $e_{k品}$ 一項即不存在，因此試考察由①扣除它之後的 $Z_{k品}$：

$$z_{k品} = a_{品S}f_{kS} + a_{品S}f_{kS} \quad (k = 1 、 2 、 \cdots 、 n)$$

接著調查此 $Z_{k品}$ 的變異數看看,按照前述由⑤式導出⑫式的要領計算時,下式的關係是成立的:

$$Z_{k品}的變異數 = \frac{1}{n-1}(z_{1品}'^2 + z_{2品}'^2 + ... + z_{n品}'^2) = 1$$
$$= a_{品S}{}^2 + a_{品H}{}^2$$

$Z_{k品}$ 的變異數,即為變量「品項齊全」的共同性。

$$共同性 a_{品S}{}^2 + a_{品H}{}^2 \quad = \quad \begin{array}{c} z_{k品} 的變異數 \\ (在品項齊全 z_{k品} 具有的資訊之中忽略獨自部分) \end{array}$$

變異數可以想成是變量具有的資訊量。$z_{k品}$ 的變異數是忽略獨自部分時的「品項齊全」的變異數,該變異數與共同性 $a_{品S}{}^2 + a_{品H}{}^2$ 一致,是表示共同性 $a_{品S}{}^2 + a_{品H}{}^2$ 對「品項齊全」來說只能以共同性因素說明的資訊量。

共同性 $a_{品S}{}^2 + a_{品H}{}^2$ 通常以 $h_{品}{}^2$ 表示,亦即:

$$h_{品}{}^2 = a_{品S}{}^2 + a_{品H}{}^2$$

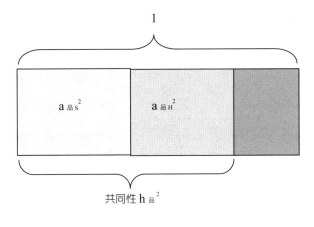

5-10表示共同因素之說明力的共同性(3)

由上圖似乎可以理解 $h_品^2$ 是表示能以共同因素說明之資訊比率，對其他的變量也是一樣，譬如共同性 $h_氣^2$（$a_{氣S}^2 + a_{氣H}^2$）可以想成是在變量「氣氛」所具有的整個資訊之中，能以共同因素（軟體因素與硬體因素）說明的資訊比率。

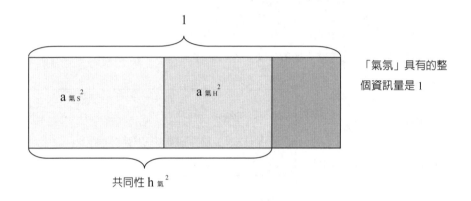

「氣氛」具有的整個資訊量是 1

共同性 $h_氣^2$

③式亦即：

$$a_{品S}^2 + a_{品H}^2 = 1 - V_品^2$$

代入共同性看看，於是得出如下的關係式：

$$h_品^2 + V_品^2 = 1$$

$h_品^2$ 如果是表示能以因素模式說明的資訊量比率，那麼 $V_品^2$ 可以想成無法以因素模式說明的資訊量比率，因此，獨自部分的變異數 $V_品^2$ 被稱為有關「品項齊全」的獨自性。

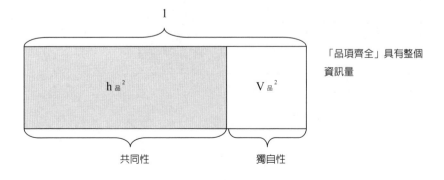

「品項齊全」具有整個資訊量

共同性　　　　　　獨自性

順便說明各變量的共同性之和 h^2 看看：

$$h^2 = h_{品}^2 + h_{氣}^2 + h_{寬}^2 + h_{親}^2$$

此 h^2 稱為總共同性。所有資料能以共同因素模式說明時，各變量的共同性是 1，因之總共同性 h^2 的最大值即為變量的個數（目前所考察的便利商店則是 4），因此知成立如下的關係：

$$\frac{h^2}{變量的個數} = 資訊具有的全部資訊中，能以共同因素說明的資訊比率。$$

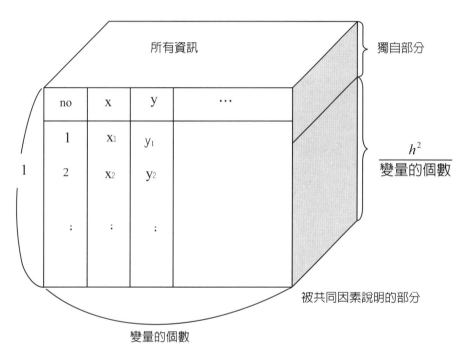

5-11因素分析的實際從共同性的估計(1)

在第 2 節中以數式表現了因素分析的模式,雖然數度出現,但仍再度確認一次:

$$\left.\begin{array}{l} z_{k品} = a_{品S} f_{kS} + a_{品H} f_{kH} + e_{k品} \\ z_{k氣} = a_{氣S} f_{kS} + a_{氣H} f_{kH} + e_{k氣} \\ z_{k親} = a_{親S} f_{kS} + a_{親H} f_{kH} + e_{k品} \\ z_{k寬} = a_{寬S} f_{kS} + a_{寬H} f_{kH} + e_{k品} \end{array}\right\} \quad ①$$

此式因含太多的字母,以聯立方程式來處理非常煩人,因此之後設定各種條件後減少字母,導出如下的方程式:

$$\left.\begin{array}{l} a_{品S}{}^2 + a_{品H}{}^2 + V_{品}{}^2 = 1 \left(\text{其他變量也一樣}\right) \\ a_{品S} a_{氣S} + a_{品S} a_{氣S} = r_{品氣} \left(\text{其他變量也一樣}\right) \end{array}\right\} \quad ②$$

如此一來似乎可解,但皆有一個問題,那正是從因素分析的想法中所出現的獨自性(像 $V_{品}{}^2$ 等)的處理。

無法從共同因素說明的獨自性(像 $V_{品}{}^2$ 等),只能以某種的方法估計。那麼要如何估計才好呢?

■如何估計獨自部分

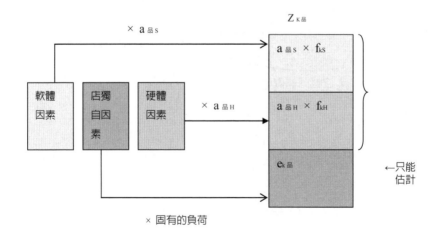

因此出現的是前節中所調查的共同性。

請看②將共同性 $h^2_{品}$($= a_{品S}{}^2 + a_{品H}{}^2$)代入第①式時,得出下式:

$$h_{品}^2 + V_{品}^2 = 1 \qquad\qquad ③$$

由此似乎可知，估計獨自性 $V_{品}^2$ 與估計共同性是一樣的。此有如總重量 1 kg 的 2 個商品之中，只要知道一方，另一方即可知道。

■總重量 1 kg 的 2 個商品之中如知道一方另一方即可知道

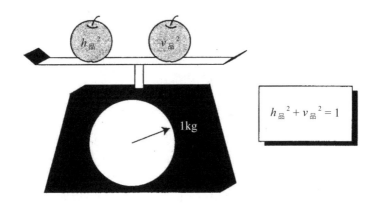

如果 $h_{品}^2$ 被估計出來時，$V_{品}^2$ 即可知道，②的方程式中無法以共同因素說明之項即不存在，之後利用個人電腦求解②的方程式即可。

共同性是表示某一變量能以共同因素說明之資訊量比率，另外，獨自性則是無法以因素模式說明的資訊量比率。

5-12因素分析的實際從共同性的估計(2)

因此試考察共同性的估計法看看，此處介紹稱為 SMC 法的知名估計法（SMC 是 3 位學者的第一個字母）。SMC 法是將複迴歸分析要預測的資訊比率利用在估計共同性的方法，以例來說，再度調查「品項齊全」的變量。

所謂複迴歸分析是將資料中一個變量由剩餘其他變量以一次式來預測的分析法。

目前的情形「品項齊全」是由其他的變量（亦即「氣氛」、「親切感」、「寬闊感」來估計），此估計有多少的正確性，是以判定係數 R^2 來表現。

此判定係數 R^2，是如下所定義的值（第 2 章）：

$$判定係數\ R^2 = \frac{「品項齊全」的預測值的變異數}{「品項齊全」的實際值的變異數}$$

由此式似乎可以理解，判定係數 R^2 意謂能以複迴歸分析預測的資訊比率。

然而如前節所調查的那樣，共同性 $h^2_{品}$ 是表示能以共同因素說明的資訊量的比率。如果因素儼然在資料的背後時，利用複迴歸分析的資訊預測量，與利用此因素所估計的共同性是一致的，因此對於「品項齊全」的變量來說，可以假定：

$$共同性\ h^2_{品} = 判定係數\ R^2$$

■假定共通性＝決定係數

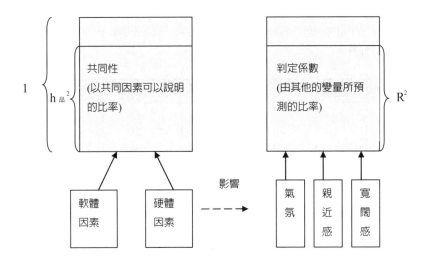

執行複迴歸分析時即可求出判定係數 R^2（第 2 章），將所求出之值代入上面的關係式時，共同性 $h_{品}^2$ 即可求出，此即為 SMC 法。

以上，因素分析的準備完成了，下節以目前所調查的便利商店的意見調查評價為例，進行因素分析看看。

5-13以SMC法實際分析看看(1)

至目前為止，資料的值是使用一般的 $Z_{k品}$ 等的字母。本節使用下表的具體數據值，確認目前的討論看看。

店名	品項齊全度	氣氛	親切感	寬闊感
1 號店	20	20	30	30
2 號店	15	25	25	15
3 號店	60	70	60	30
4 號店	70	50	60	40
5 號店	30	35	55	80
6 號店	50	85	85	80
7 號店	80	65	70	30
8 號店	30	65	75	80
9 號店	60	20	50	40
10 號店	25	25	50	25

因素分析時，首先必須執行數據的標準化。將上面的資料標準化看看。

店名	品項齊全度	氣氛	親切感	寬闊感
1 號店	−1.05	−1.33	−1.39	0.82
2 號店	−1.27	−1.11	−1.66	−1.32
3 號店	0.70	0.89	0.21	−0.74
4 號店	1.14	0.00	0.21	−0.35
5 號店	−0.61	−0.67	−0.05	1.21
6 號店	0.26	1.56	1.55	1.21
7 號店	1.58	0.67	0.75	−0.74
8 號店	−0.61	0.67	1.02	1.21
9 號店	0.70	0.44	−0.32	−0.35
10 號店	−0.83	−1.11	−0.32	−0.93

此標準化後的各值，即為以往以 $Z_{k品}$ 等所表示的字母的實體。將此表的各值以「軟體因素」與「硬體因素」的 2 個因素說明，即為本節的目的。

雖然曾有過數度的確認，但應求解的聯立方程式即為第 6 節的②式，亦即以下的方程式①。

$$a_{品S}^2 + a_{品H}^2 + v_品^2 = 1 \quad 、 \quad a_{氣S}^2 + a_{氣H}^2 + v_氣^2 = 1$$
$$a_{親S}^2 + a_{親H}^2 + v_親^2 = 1 \quad 、 \quad a_{寬S}^2 + a_{寬H}^2 + v_寬^2 = 1$$
$$a_{品S}^2 a_{氣S}^2 + a_{品H}^2 a_{氣H}^2 = r_{品氣} \quad 、 \quad a_{品S}^2 a_{親S}^2 + a_{品H}^2 a_{親H}^2 = r_{品親}$$
$$a_{品S}^2 a_{寬S}^2 + a_{品H}^2 a_{寬H}^2 = r_{品寬} \quad 、 \quad a_{氣S}^2 a_{親S}^2 + a_{氣H}^2 a_{親H}^2 = r_{氣親}$$
$$a_{氣S}^2 a_{寬S}^2 + a_{氣H}^2 a_{寬H}^2 = r_{氣寬} \quad 、 \quad a_{親S}^2 a_{寬S}^2 + a_{親H}^2 a_{寬H}^2 = r_{親寬}$$

①

此處是實際求解方程式，因之不省略試著將全部寫出來，或許會認為「煩人的聯立方程式」，但與因素分析的基本模式的式子相比較，卻出奇地簡單。

此處 $r_{品氣}$ 等是相關係數，這些可從所給與的資料簡單求出（第 1 章）。實際上從前頁的表以 EXCEL 等計算時（第 1 章）即為下表。

	品項齊全	氣氛	親切感	寬闊感
品項齊全	1	0.68	0.56	−0.21
氣氛	0.68	1	0.86	0.22
親切感	0.56	0.86	1	0.41
寬闊感	−0.21	0.22	0.41	1

所留下的問題是，無法由共同因素說明的獨自性的部分（$v_品^2$ 等），它們只能估計，因此利用前節所述的 SMC 法。

SMC 法是從複迴歸分析估計共同性，亦即 $a_{品S}^2 + a_{品H}^2$（$= v_品^2$）的方法，這些共同性如能估計時，即可由①求出獨自性的部分（$v_品^2$ 等）。

那麼，首先利用複迴歸分析，求出它的判定係數看看（第 2 章）。將結果以表的形式揭示。

變量	判定係數（R^2）
品項齊全	0.62
氣氛	0.80
親切感	0.80
寬闊感	0.45

5-14以SMC法實際分析看看(2)

變量	判定係數（R^2）
品項齊全	0.62
氣氛	0.80
親切感	0.80
寬闊感	0.45

由此表知，譬如「品項齊全」的判定係數是 0.62，因之將它當作共同性 $h^2_{品}$ 之值。

$$h_{品}^2 = (a_{品 S}^2 + a_{品 H}^2) = 0.62$$

將此代入前節③的關係式，亦即：

$$h_{品}^2 + V_{品}^2 = 1$$

即可求出 $v^2_{品}$。

以如此的方式由共同性估計獨自性的部分，①式可以改寫成如下：

$$a_{品 S}^2 + a_{品 H}^2 = 0.62 \,、\, a_{氣 S}^2 + a_{氣 H}^2 = 0.80$$
$$a_{親 S}^2 + a_{親 H}^2 = 0.80 \,、\, a_{寬 S}^2 + a_{寬 H}^2 = 0.45$$
$$a_{品 S}^2 a_{氣 S}^2 + a_{品 H}^2 a_{氣 H}^2 = 0.68 \,、\, a_{品 S}^2 a_{親 S}^2 + a_{品 H}^2 a_{親 H}^2 = 0.56$$
$$a_{品 S}^2 a_{寬 S}^2 + a_{品 H}^2 a_{寬 H}^2 = -0.21 \,、\, a_{氣 S}^2 a_{親 S}^2 + a_{氣 H}^2 a_{親 H}^2 = 0.86$$
$$a_{氣 S}^2 a_{寬 S}^2 + a_{氣 H}^2 a_{寬 H}^2 = 0.21 \,、\, a_{親 S}^2 a_{寬 S}^2 + a_{親 H}^2 a_{寬 H}^2 = 0.41$$

問題是如何何求解，以電算機去求解，會有非常累人的作業。因此有許多的解法被研究，其中較具代表的方法容後敘述，目前讓它以專用的統計分析軟體計算，並只記載其結果。此即為下表。

變量名	軟體因素	硬體因素
品項齊全	0.68	−0.48
氣氛	0.92	−0.03
親近感	0.91	0.21
寬闊感	0.25	0.67

因此表知，譬如表示「軟體因素」對「品項齊全」的有效程度即因素負荷量 $a_{品S}$，可得出如下：

$$a_{品S} = 0.68$$

如果不能馬上明白數值時，可試著將軟體因素的因素負荷量以條形圖表示看看。

■將軟體因素的因素負荷量以條形圖表示

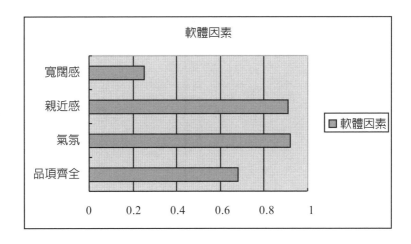

因素負荷量是表示因素對各變量的影響力。由此圖知，軟體因素如最初所假定是表示軟體的內容，「氣氛」、「親近感」的內容占有甚大的比重。

也試著對硬體因素以條形圖表示看看。

■將硬體因素的因素負荷量以條形圖表示

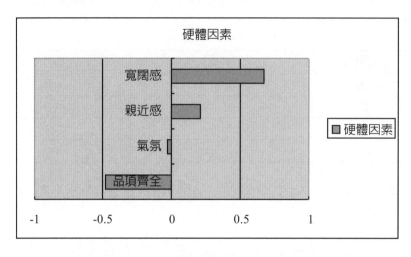

由此圖知，硬體因素如最初所假定是表示硬體性的內容，也就是說，此因素重視寬闊感，但此如無「用地寬闊」等的硬體條件是得不出來的。

以上雖然是簡單的說明，想必已理解了因素分析的計算法的概要。

小博士解說

基本式的矩陣表現

　若以矩陣表示時就會變得簡潔，首先將整理因素負荷量的因素矩陣 A，整理成獨自性的矩陣 V，以及相關矩陣 R 如下定義：

$$A = \begin{bmatrix} a_{品S} & a_{品H} \\ a_{氣S} & a_{氣H} \\ a_{親S} & a_{親H} \\ a_{寬S} & a_{寬H} \end{bmatrix}$$

$$V = \begin{bmatrix} V_{品}{}^2 & 0 & 0 & 0 \\ 0 & V_{氣}{}^2 & 0 & 0 \\ 0 & 0 & V_{親}{}^2 & 0 \\ 0 & 0 & 0 & V_{寬}{}^2 \end{bmatrix}$$

$$R = \begin{bmatrix} 1 & r_{品氣} & r_{品親} & r_{品寬} \\ r_{品氣} & 1 & r_{氣親} & r_{親寬} \\ r_{品親} & r_{氣親} & 1 & r_{親寬} \\ r_{品寬} & r_{氣寬} & r_{親寬} & 1 \end{bmatrix}$$

①式如利用這些矩陣時，即可如下簡潔表現：

$$R = AA^t + V$$

矩陣被多變量分析常加使用的理由是可以清楚理解的。

5-15 以反覆估計
解決因共同性的估計產生的矛盾

由因素分析的模式，得出了如下的關係式：

$$a_{品S}{}^2 + a_{品H}{}^2 + V_{品}{}^2 = 1 \text{（其他變量也一樣）}$$
$$a_{品S}a_{氣S} + a_{品H}a_{氣S} = r_{品氣} \text{（其他變量也一樣）}$$ ①

$v_{品}{}^2$ 等是無法以共同因素說明的獨自部分，只能估計。如前面所考察的，此估計是從共同性進行。

譬如，估計「品項齊全」的共同性：

$$h_{品}{}^2 = (a_{品S}{}^2 + a_{品H}{}^2)$$ ②

然後再估計獨自性的 $v_{品}{}^2 = (1 - h_{品}{}^2)$。

那麼試使用此估計值，由①式計算 $a_{品S}$ 等看看，接著從所計算的 $a_{品S}$ 等，使用②求共同性 $h_{品}{}^2$ 看看。也許從估計的操作顯然明白，但所估計的共同性 $h^2_{品}$ 與所計算的共同性 $h_{品}{}^2$ 不一定一致。

$$h_{品}{}^2 \text{（估計值）} \neq h_{品}{}^2 \text{（計算值）}$$

■所估計的共同性與所計算的共同性不一致

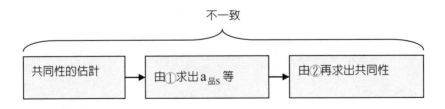

以前節所調查的例子，在計算共同性時即如下表。

變量名	估計值	計算值
品項齊全	0.62	0.69
氣氛	0.80	0.56
親近感	0.80	0.87
寬闊感	0.45	0.51

　　估計值與計算值多少有些差異，以解決估計值與由它所得出的計算值之差異的手段加以利用的是反覆估計法。

　　亦即，將由估計值所得出的共同性的計算值，再當作估計值來利用，去求解①的方程式。重複幾次此計算，通常估計值與計算值會收斂於相近之值。

　　因此估計值與計算值之誤差如果某程度變少時，即可停止計算。

■重複計算，直到估計值與計算值收斂於相近之值

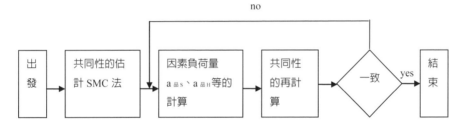

　　此種計算法稱為共同性的反覆計算。

　　試以上例進行反覆計算看看。下表之值，數值呈現安定。

變量名	共同性的反覆估計值
品項齊全	0.81
氣氛	0.85
親近感	0.93
寬闊感	0.62

註：計算是利用專用的統計分析軟體

　　雖然與最初的估計值有相當的差異，但通常的因素分析執行此種反覆估計是很普通的。

　　反覆估計似乎麻煩，但利用電腦即可簡單執行，因為是重複利用之前的計算中所使用的計算法執行之緣故。

5-16因素模式的解有旋轉的不安定性(1)

從因素分析的模式出發，在考慮各種的條件下，得出以下的關係式：

$$a_{\text{品}S}^2 + a_{\text{品}H}^2 + V_{\text{品}}^2 = 1 \text{（其他變量也一樣）}$$
$$a_{\text{品}S}a_{\text{氣}S} + a_{\text{品}S}a_{\text{氣}S} = r_{\text{品氣}} \text{（其他變量也一樣）}$$

①

也許麻煩些，但以數學的方式考此形式看看。

此處先複習一下向量（參照附錄3）。假定有2個向量 $\mathbf{a} = (a_1, a_2)$、$\mathbf{b} = (b_1, b_2)$。

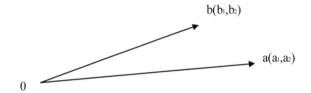

此內積 $\mathbf{a} \cdot \mathbf{b}$ 如下定義，它的圖形上的意義如下圖。

向量 $\mathbf{a}$、$\mathbf{b}$ 的內積 $\mathbf{a} \cdot \mathbf{b} = a_1b_1 + a_2b_2$

②

■向量內積的意義

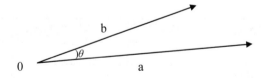

$\mathbf{a} \cdot \mathbf{b} = \mathbf{a}$ 的箭線長 $\times$ $\mathbf{b}$ 的箭線長 $\times \cos \theta$

從此圖形的意義似乎可以理解，即使改變看的方向，以數字的方式來說即使旋轉座標軸，內積之值不變。

■旋轉座標軸，內積 a · b 之值不變

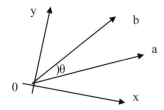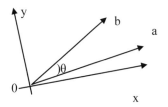

此處再回到①，觀察式子的形式時，想要求的因素負荷量（$a_{品S}$ 等）正是內積②的形式，亦即設 $\mathbf{a} = (a_{品S}, a_{品H})$,時，則①的第 1 式成爲：

$$\mathbf{a} \cdot \mathbf{a} + V_{品}^2 = 1$$

另外，如設 $\mathbf{a} = (a_{品S}, a_{品H})$、$\mathbf{b} = (a_{氣S}, a_{氣H})$ 時，則①的第 2 式成爲：

$$\mathbf{a} \cdot \mathbf{b} = r_{品氣}$$

總之，因素負荷量（$a_{品S}$ 等）的基本式可以用內積的形式描述。

如以上所考察的那樣，內積對座標軸的旋轉也不改變值，也就是說以①所得到的方程式之解，即使旋轉座標軸，也仍然是①的解。

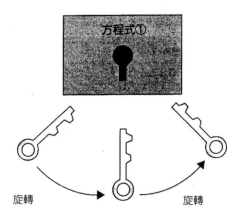

5-17因素模式的解有旋轉的不安定性(2)

■以計算所求出的因素負荷量為了容易解釋可以旋轉

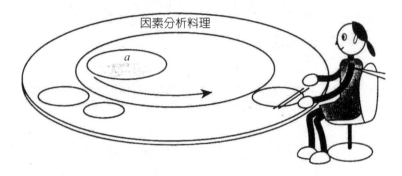

　　此外，以計算所求出的因素負荷量為了解釋容易可以將座標軸旋轉，此性質是非常值得慶幸的。將所得到的解適當地旋轉，使解釋能夠容易。那麼利用此性質，為了把所求出的解能容易解釋試調整看看。因之，雖然要尋找高明的旋轉，但仍有以下的原理。

> 各因素對一部分的變量顯示高的相關，與其他的變量則顯示低的相關。

　　利用此原理，調整①的方程式之解稱為最大變異法（Varimax）。

註：除最大變異法以外也想到各種的旋轉，此處僅止於介紹最有名的此方法。

　　最大變異法的主張，以圖來想就很明白。譬如假定有變量 Z_1、Z_2，它們分別以 0.4、0.5 以及 -0.4、0.5 的因素負荷量，與 2 個因素 f_1、f_2 相結合（獨自部分，此處省略）。

$$z_1 = 0.4f_1 + 0.5f_2$$
$$z_2 = -0.4f_1 + 0.5f_2$$

　　此因素負荷量的向量，可以如下表現：

$$\mathbf{a} = (0.4, 0.5)$$
$$\mathbf{b} = (-0.4, 0.5)$$

將此圖示看看。亦即，試將縱軸圖示在因素 f_2 的座標軸上，橫軸圖示在因素 f_1 的座標軸上看看。

■旋轉座標軸的最大變異法

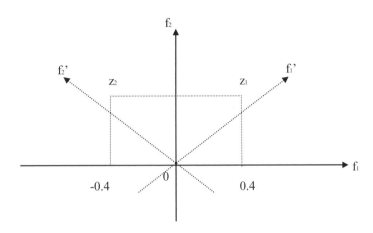

所謂最大變異法是將座標軸如上面的虛線那樣進行旋轉的方法。亦即，畫出新的因素軸 f_1' 使盡可能接近表示變量 z_1 的點，畫出新的因素軸 f_2' 使盡可能接近表示變量 z_2 的點。

最大變異法，是使特定的變量與特定的因素之相關盡可能密切下施與旋轉。如此一來，因素即與特定的變量有密切關係，因素的解釋即變得容易。

最大變異法是直交旋轉常用的手法！

5-18因素模式的解有旋轉的不安定性(3)

那麼，對於所調查的便利商店的意見調查評價，試施與最大變異法看看。

以下的 2 個圖是執行最大變異法前與後的因素負荷圖。如進行最大變異法時，向右大約旋轉 10°。

■最大變異法 (1)：執行前

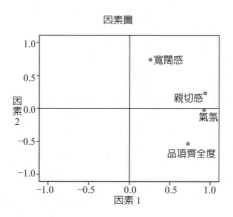

■ 最大變異法 (2)：執行後

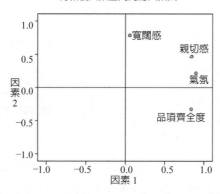

執行最大變異法，軟體因素與硬體因素變得更為明確。寬闊感是指用地不寬闊時而得不到此感的硬體條件。「硬體因素」比旋轉前更接近此「寬闊感」，以硬體因素的特徵變得更為明確。「品項齊全」、「氣氛」、「親近感」雖然是賦與軟體特徵，但這些都被逼到上方，亦即讓軟體因素的特徵在「軟體因素」中更為顯眼。

小博士解說

因素分析的創始者

　　因素分析的出發點，可以說是英國的心理學者 Spearman 在 1900 年代所發展的如下假說。

　　「所有的能力可以只用智能的一個因素概略地說明」

　　從 Spearman 的假定來看時，譬如林二這個孩子接受數學與英語的考試時，他的分數可以用下式表示：

$$英語 \cong a_{英語} \times f_{林二} \qquad 數學 \cong a_{數學} \times f_{林二}$$

　　此處 $f_{林二}$ 是林二這個孩子所具有的「智能」因素分數，$a_{英語}$ 是當得到英語的變量值時，與智能有關的因素負荷量。並且 $a_{數學}$ 是當得到數學的變量值時，與智能因素有關的因素負荷量。

　　Spearman 的單純假設雖然有些不合理之處，但此假說逐漸加以改良以至成為今日的因素分析。

因素分析常用在社會科學中，用以探討資料所含的本質。

5-19計算因素分數掌握數據的個性

因素分析即使只是發現因素也仍具有十分的價值，能以少的因素說明許多的變量，對資料的理解是有非常大的貢獻的。可是，如能調查各個樣本的因素分數，分析可以更深入。

試以目前所考察的便利商店的意見調查評價來想看看。所謂因素分數是指各樣本所具有的「軟體因素」與「硬體因素」的量，如能知道各店對 2 因素具有多少的量時，對今後的經營非常有幫助，對於因素分數少的店，可加以勸告並要求改善。

那麼試求因素分數看看。因素分數原理上可從表示因素模式的基本式（第2節）即：

$$z_{k品} = a_{品S}f_{kS} + a_{品H}f_{kH} + e_{k品} \qquad ①$$

求出。亦即，如前面所調查的那樣，$e_{k品}$ 等可從估計、$z_{k品}$ 等可從資料以及 $a_{品S}$ 等可從計算求得，將這些代入①式再求解方程式時，即可求出因素分數 f_{kS}、f_{kH}。

註：由①式實際求因素分數的方法，本書不涉及，此處交給專用的分析軟體。

試以目前的便利商店例，求因素分數看看，這要利用之前所計算的因素負荷量之值。

■各店的因素分數

店名	軟體因素	硬體因素
1	−1.4513	−0.0326
2	−1.4503	−0.7977
3	0.6841	−0.5743
4	0.6027	−0.6981
5	−0.5644	0.7809
6	1.0595	1.3198
7	1.2218	−0.7381
8	0.2334	1.5272
9	0.3074	−0.8290
10	−0.6896	0.0420

由此表觀之，譬如就 1 號店來看，硬體因素雖屬平均，但軟體因素卻顯不足，必須督促店長努力。

■最大變異法執行後

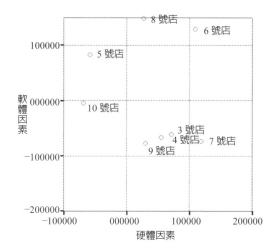

　　因素分數如上圖圖示時是非常理想的，各樣本的特性容易掌握。由此圖可以一目瞭然因素的擁有量，軟體因素不足的店，即位於圖形的下方，位於此處的店，需要督促努力經營。

執行最大變異法的旋轉後，各樣本的特性容易掌握。

5-20表示因素的說明力的貢獻量

如前述所考察的，將變量的因素負荷量的平方，稱為有關該變量的共同性，這是表示能以共同因素說明的比率。以目前所調查的便利商店的意見調查評價來說，譬如就「品項齊全」來說：

$$h_{品} = a_{品S}{}^2 + a_{品H}{}^2$$

即為共同性。此共同可以想成是表示在「品項齊全」具有的資訊之中能以共同因素說明的資訊量的比率。

■資訊量的比率

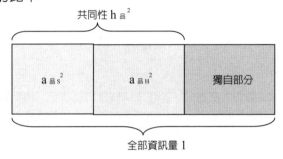

共同性是表示 2 個共同因素合在一起可以說明多少變量的資訊的一種量。此次試調查各個的共同因素說明多少資料的資訊吧。

■調查各個資訊量的比率

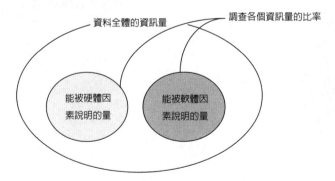

首先，模仿共同性，對各共同因素調查因素負荷量的平方和看看：

$$C_S = a_{品S}{}^2 + a_{氣S}{}^2 + a_{親S}{}^2 + a_{寬S}{}^2$$
$$C_H = a_{品H}{}^2 + a_{氣H}{}^2 + a_{親H}{}^2 + a_{寬H}{}^2$$

試調查 C_S 與 C_H 之和看看：

作用在軟體因素之量　　　　作用在硬體因素之量

$$C_S + C_H = a_{品S}{}^2 + a_{氣S}{}^2 + a_{親S}{}^2 + a_{寬S}{}^2 + a_{品H}{}^2 + a_{氣H}{}^2 + a_{親H}{}^2 + a_{寬H}{}^2 \qquad ①$$
$$= (a_{品S}{}^2 + a_{品H}{}^2) + (a_{氣S}{}^2 + a_{氣H}{}^2) + (a_{親S}{}^2 + a_{親H}{}^2) + (a_{寬S}{}^2 + a_{寬H}{}^2)$$
$$= h_{品}{}^2 + h_{氣}{}^2 + h_{親}{}^2 + h_{寬}{}^2$$
$$= 能以共同因素說明的資訊量〔 = h^2（總共同性）〕$$

註：關於 h^2（總共同性）請參照前述。

此式可以如下圖那樣圖解。

■ 以圖表示各變量的資訊量即為如此

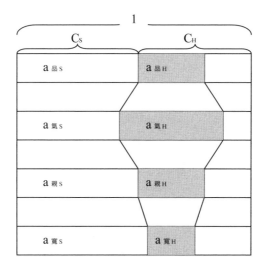

由此圖來看 C_S 可以解釋為能由「軟體因素」說明的資訊量，C_H 可以解釋為能由「硬體因素」說明的資訊量，因此將此 C_S 與 C_H 稱為各因素的貢獻率。

但是能完全由共同因素說明的模式時，①之值即為變量個數，因此軟體因素對資料全體的貢獻率即可如下表示：

$$軟體因素的貢獻率 = \frac{C_S}{變量個數} \times 100$$

對硬體因素來說也可同樣定義是很顯然的。

5-21因素分析與主成分分析的關係(1)

　　主成分分析是在各個數據看起來很零散下合成變量，將它稱為「主成分」。因素分析是在各變量的背後找出潛藏的因素。從探討的方式來看，可以看成是有相當差異的手法，可是從結果來看，可以發覺到「主成分」也好，「因素」也好，是相似的。

　　譬如，再次確認目前所考察的意見調查例吧，在此資料之背後以潛藏的因素來說，已確認是「軟體因素」與「硬體因素」，以各因素為軸，表示變量者即為下圖。

■因素負荷量（最大變異法執行後）

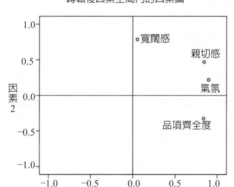

轉軸後因素空間內的因素圖

　　以此進行主成分分析看看。將結果以變量點圖的方式，表示於下頁上方（第3章）。

■主成分分析的變量點圖

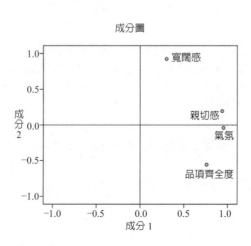

成分圖

此處發覺如下事項，如將因素分析所得出的上圖旋轉時，近似主成分分析的變量點圖，事實上，因素分析圖有旋轉的不安性，因之即使旋轉也被允許的。因此，即使想成「因素分析與主成分分析可得出相似的結果」也似乎沒有錯。

事實上，以求解因素分析的基本式的代表性手法來說，有稱爲主軸因素法，此方法基本上與主成分分析是相同的。

試以便利商店的意見調查例來調查此主軸因素法看看。首先，將因素分析的基本式以矩陣表示看看。

$$\begin{bmatrix} a_{品S} & a_{品H} \\ a_{氣S} & a_{氣H} \\ a_{親S} & a_{親H} \\ a_{寬S} & a_{寬H} \end{bmatrix} \begin{bmatrix} a_{品S} & a_{氣S} & a_{親S} & a_{寬S} \\ a_{品H} & a_{氣H} & a_{親H} & a_{寬H} \end{bmatrix} + \begin{bmatrix} V_{品}^2 & 0 & 0 & 0 \\ 0 & V_{氣}^2 & 0 & 0 \\ 0 & 0 & V_{親}^2 & 0 \\ 0 & 0 & 0 & V_{寬}^2 \end{bmatrix} \quad ①$$

$$= \begin{bmatrix} 1 & r_{品氣} & r_{品親} & r_{品寬} \\ r_{品氣} & 1 & r_{氣親} & r_{氣寬} \\ r_{品親} & r_{氣親} & 1 & r_{親寬} \\ r_{品寬} & r_{氣寬} & r_{親寬} & 1 \end{bmatrix}$$

右邊是相關矩陣 R，此可由資料簡單求出，並且，左邊第 2 個表示獨自部分的矩陣成分，可用估計求出，換言之，不明的只有左邊第 1 個矩陣而已。

此處將行矩陣 a_1、a_2 如下定義看看：

$$a_1 = \begin{bmatrix} a_{品S} \\ a_{氣S} \\ a_{親S} \\ a_{寬S} \end{bmatrix} 、a_2 = \begin{bmatrix} a_{品H} \\ a_{氣H} \\ a_{親H} \\ a_{寬H} \end{bmatrix}$$

實際計算時即可明白，將①的左邊的因素負荷當作成分的矩陣，是以矩陣 a_1、a_2 如下加以表示：

$$\begin{bmatrix} a_{品S} & a_{品H} \\ a_{氣S} & a_{氣H} \\ a_{親S} & a_{親H} \\ a_{寬S} & a_{寬H} \end{bmatrix} \begin{bmatrix} a_{品S} & a_{氣S} & a_{親S} & a_{寬S} \\ a_{品H} & a_{氣H} & a_{親H} & a_{寬H} \end{bmatrix} = a_1 a_1{}^t a_2 a_2{}^t \quad ②$$

註：a^t 是 a 的轉量矩陣，關於矩陣的基本請參照附錄 4。

5-22因素分析與主成分分析的關係(2)

將此左邊的矩陣以特徵向量展開看看（參照附錄4）：

$$
\begin{bmatrix} a_{品S} & a_{品H} \\ a_{氣S} & a_{氣H} \\ a_{親S} & a_{親H} \\ a_{寬S} & a_{寬H} \end{bmatrix}
\begin{bmatrix} a_{品S} & a_{氣S} & a_{親S} & a_{寬S} \\ a_{品H} & a_{氣H} & a_{親H} & a_{寬H} \end{bmatrix}
\qquad ③
$$
$$
= \lambda_1 X_1 X_1^t + \lambda_2 X_2 X_2^t + \lambda_3 X_3 X_3^t + \lambda_4 X_4 X_4^t
$$

此處 x_1、x_2…是以左邊的因素負荷當作成分的矩陣的特徵向量。即：

$$
x_1 = \begin{bmatrix} a_{品S} \\ a_{品H} \end{bmatrix} \qquad
x_2 = \begin{bmatrix} a_{氣S} \\ a_{氣H} \end{bmatrix} \qquad
x_3 = \begin{bmatrix} a_{親S} \\ a_{親H} \end{bmatrix} \qquad
x_4 = \begin{bmatrix} a_{寬S} \\ a_{寬H} \end{bmatrix}
$$

並且它們的特徵值假定依序為 $\lambda_1 \geq \lambda_2 \geq \lambda_3 \geq \lambda_4$。

註：假定特徵向量存在 4 個的情形，取決於①的獨自部分的估計方式，有時也有不是成為如此的。

如果 λ_1 與 λ_2 為正值，比 λ_3 或 λ_4 大時，比較②、③之後也可使 a_1、a_2 如下近似也行：

$$
a_1 = \sqrt{\lambda_1}\, x_1 \text{、} a_2 = \sqrt{\lambda_2}\, x_2 \qquad ④
$$

如此一來向量 a_1、a_2 即可近似求出，於是由②因素負荷的各成分即可求出。此種求因素負荷量的方法稱為主軸因素法。

以主軸因素法求因素負荷量

$$
\begin{bmatrix} a_{品S} & a_{品H} \\ a_{氣S} & a_{氣H} \\ a_{親S} & a_{親H} \\ a_{寬S} & a_{寬H} \end{bmatrix}
\begin{bmatrix} a_{品S} & a_{氣S} & a_{親S} & a_{寬S} \\ a_{品H} & a_{氣H} & a_{親H} & a_{寬H} \end{bmatrix}
$$
$$
= a_1 a_1^t\, a_2 a_2^t
$$
$$
= \lambda_1 X_1 X_1^t + \lambda_2 X_2 X_2^t + \underbrace{\lambda_3 X_3 X_3^t + \lambda_4 X_4 X_4^t}_{忽略}
$$

如果①的獨自部分可以忽略時，①可以寫成如下：

$$
\begin{bmatrix} a_{品S} & a_{品H} \\ a_{氣S} & a_{氣H} \\ a_{親S} & a_{親H} \\ a_{寬S} & a_{寬H} \end{bmatrix}
\begin{bmatrix} a_{品S} & a_{氣S} & a_{親S} & a_{寬S} \\ a_{品H} & a_{氣H} & a_{親H} & a_{寬H} \end{bmatrix} = R
\qquad ⑤
$$

亦即左邊的特徵值與特徵向量，與相關矩陣的特徵值與特徵向量即為一致。

此處請回想一下，有關標準化數據的主成分分析，與相關矩陣的特徵值問題是一致的。亦即③的 X_1、X_2 分別是第 1 主成分和第 2 主成分。

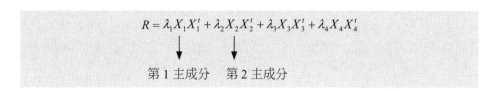

$$R = \lambda_1 X_1 X_1' + \lambda_2 X_2 X_2' + \lambda_3 X_3 X_3' + \lambda_4 X_4 X_4'$$

第 1 主成分　　第 2 主成分

由此結果與④以主軸因素法所求出的因素負荷量的成分向量 a_1、a_2，即與第 1 主成分、第 2 主成分（除去大小）是相同的。

像以上那樣，因素分析與主成分分析儘管手法不同，但在數學上的探討是相似的。

■因素分析與主成分分析的目標是一樣的

因素分析是萃取資料的手法，而主成分分析則是合成資料的手法。

5-23因素分析的實際(1)

　　試著實際進行因素分析看看。此處試分析 3 週間的股價動向，通訊、藥品、纖維 3 個領域的股價如下所示。在幕後支撐股價變動的，像是有資本關係、股利或業績等。

　　此處假定存在 2 個因素當作共同因素，試進行分析。首先試計算因素負荷量。關於此必須求解在第 5 節的②所考察的聯立方程式，具體言之 2 個共同因素的名稱以 1、2 表示時，譬如就 NEC 與富士通來說，即為求解如下的方程式：

3 週份的股價動向（前日比）

日期	NEC	富士通	武田藥品	大正製藥	帝人	東麗
7	−65	−25	−50	70	24	9
8	110	30	−70	−20	−4	−11
9	−85	−35	10	0	6	7
10	125	280	−90	−160	−48	−6
11	−100	−95	−70	0	20	−5
14	−10	−5	20	−40	−10	3
15	100	70	−10	−50	3	6
16	50	20	−20	−60	1	15
17	70	90	−20	−140	−6	−6
18	−25	20	150	60	−3	3
21	45	10	−50	−100	−5	−7
22	0	0	90	60	5	−1
23	25	30	80	−10	−10	3
24	−20	80	−10	20	1	0
25	100	50	−120	−110	2	2

（2000 年 8 月的第 2 週～第 4 週，畢竟是 3 週的短期間之分析例）

$$\left.\begin{array}{l} a_{N1}^{\,2} + a_{N2}^{\,2} + V_N^{\,2} = 1 \\[4pt] a_{富1}^{\,2} + a_{富2}^{\,2} + V_富^{\,2} = 1 \\[4pt] a_{N1}a_{富1} + a_{N2}a_{富2} = r_{N富} \end{array}\right\} \qquad ①$$

　　首先，試調查此①所含的相關係數，此利用 EXCEL 等即可簡單求出（第 1 章），結果即可以相關矩陣的形式如下加以整理。

■以相關矩陣整理資料

	NEC	富士通	武田藥品	大正製藥	帝人	東麗
NEC	1	0.71	−0.35	−0.71	−0.63	−0.30
富士通	0.71	1	−0.23	−0.62	−0.86	−0.26
武田藥品	−0.35	−0.23	1	0.58	0.05	0.27
大正製藥	−0.71	−0.62	0.58	1	0.63	0.33
帝人	−0.63	−0.86	0.05	0.03	1	0.35
東麗	−0.30	−0.26	0.27	0.33	0.35	1

　　其次求解此聯立方程式，必須估計獨自部分的項（$v_N{}^2$、$v_富{}^2$ 等）。此處利用 SMC 法估計。SMC 法是採用將複迴歸分析所得到的複相關係數當作共同性之值的一種方法，因此利用複迴歸分析求複相關係數看看。

■求複相關係數

	初期值
NEC	0.63
富士通	0.82
武田藥品	0.59
大正製藥	0.75
帝人	0.85
東麗	0.23

　　於是，上方所例示的聯立方程式①變成如下：

$$a_{N1}{}^2 + a_{N2}{}^2 = 0.63 \quad 、 \quad a_{富1}{}^2 + a_{富2}{}^2 = 0.82 \atop a_{N1}a_{富1} + a_{N2}a_{富2} = 0.71 \quad\Bigg\}②$$

　　應注意此②的聯立方程式只是一部分而已，全部的方程式共有 21 個。以之前所考察的方法去求解它們時，計算結果即為如下。

■聯立方程式的計算結果

	因素 1	因素 2
NEC	−0.6871	−0.3955
富士通	−0.8685	−0.1924
武田藥品	0.0396	0.8771
大正製藥	0.6154	0.6325
帝人	0.9698	0.0276
東麗	0.2896	0.2671

5-24因素分析的實際(2)

前表是執行反覆估計，也應用最大變異法所得出。
此種數值表並不易觀察，因此試以條形圖表現看看。

■以條形圖表示因素負荷量（因素1）

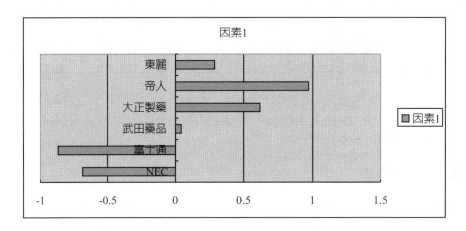

■以條形圖表示因素負荷量（因素2）

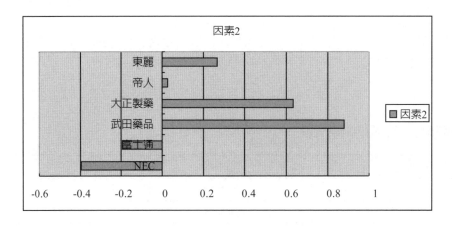

像這樣圖形化時，即可清楚掌握因素的內容。
首先，從容易解釋的因素2先調查看看。可以解讀藥品是藥品業種，纖維是纖維業種，如此同業種集中在一起，由此事來看，此因素判斷為「業種」可以視為是妥當的。

其次請看因素 1，此雖然業種混合存在，而此處 NEC 與富士通的通訊關係也是湊在一起的，因此，此因素可以認為是表示 IT 度。IT 是 2000 年的經濟活動的核心之一，以 IT 所代表的產業，具有與藥品、纖維相對比的因素是可以理解的。

那麼此 2 個因素可以說明多少的資訊呢？為了調查它，試考察貢獻率看看。

■調查貢獻率

因素	貢獻率（%）	累計貢獻率（%）
1	52.8	52.8
2	14.9	67.7

以 2 個因素可以說明資料所具有的大約 68% 的資訊。還算可以的精確度。

註：第 2～11 節是假定「軟體因素」、「硬體因素」，可是，實際上要像以上那樣求出因素後再調查它的實體。

其次，以因素 1 與因素 2 為座標軸，將各變量圖示看看。

■圖示各公司的數據

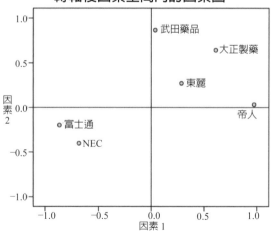

轉軸後因素空間內的因素圖

以橫軸（因素 1）來看時，可以清楚了解業種是集中在一起的，以縱軸來看時，雖然業種零亂，但 NEC、富士通的 IT 相關產業是很明顯集中在一起的，先前所表示的「因素 1 是 IT 度，因素 2 是業種」之結果，在此也可以獲得確認。

最後，調查因素分數看看。因素分數是各樣本所具有的因素量。

此計算也非常累人，因之交給專用的統計分析軟體。結果如下表。

■以因素分數分析股價變動

日期	因素 1	因素 2
7	1.51	−0.14
8	−0.22	−0.54
9	0.63	0.39
10	−2.74	−0.62
11	1.58	−0.66
14	−0.37	0.50
15	0.02	−0.27
16	0.01	−0.19
17	−0.27	−0.77
18	−0.12	1.97
21	−0.10	−0.72
22	0.33	1.23
23	−0.53	1.10
24	0.17	0.24
25	0.10	−1.52

由此表似乎可知，因素 1 與因素 2 已逐日激烈振動，這可認為是影射投資者的心理狀況，某日注意 IT 關連股，隔日又注意其他業種，表現投資者瞬息萬變的心理動向。

以上的結果是分析 3 週的股價變動。此處所得到的結論是否正確，如資料過少是無法判斷的。

可是想必已經了解以因素分析觀察股價也是非常有趣的。

小博士解說

因素分析的結論之檢定

因素分析的結論的假定，是很困難的。複迴歸分析的機率面的檢定作業，請參照附錄 F。因此，複迴歸分析的檢定如能理解機率論的基礎，即可設法執行。可是因素分析的結論，包含因素的數目在內，檢定是困難的，目前數學上正在各種的研究中。

第6章
判別分析

6-1 不會迷惑黑白的判定

世間難以黑白判定的有很多，但無論如何卻常常被迫判斷，此時有助益的是稱為判別分析的多變量分析手法。

譬如，假定有如下的表。這是某大學為就職所舉行的模擬考試的成績，與實際參與公司考試的合格與否的結果。

■模擬考試的成績與合格與否的結果

學生 NO.	模擬筆試成績	模擬面試成績	進入公司之可否
1	50	70	合格
2	20	80	合格
3	50	50	不合格
4	70	60	合格
5	90	90	合格
6	50	90	合格
7	80	60	不合格
8	70	70	不合格
9	30	50	不合格
10	60	80	合格

根據此表，從模擬考試的結果，試找出可合理判別實際就職考試的合格者與不合格者此兩群之基準，如果找出此基準時，即可預測接受相同模擬考試的新就職者的合格與否。

並且，如果知道判別 2 群的合理基準時，即可看出為了使之合格的變量意義，譬如，要在就職考試中能夠合格，筆試與面試何者較重要即可得知。此種的理解，對資料分析非常有幫助。

那麼試由此表，描畫筆試與面試的相關圖即為如下。

■筆試與面試的相關圖

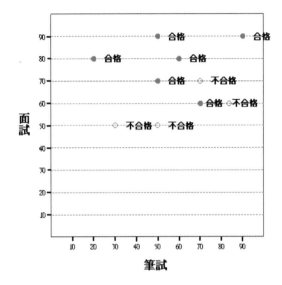

　　要尋找可以合理判斷就職考試的合格者與不合格者的基準，以此圖來說，可以說是合理地畫出能區分合格者與不合格者 2 群的直線或曲線。本章的目標是求此直線或曲線。

　　判別分析中所利用的有名武器，有利用線性判別函數的方法，以及利用馬哈拉諾畢斯（Mahalanobis）距離的方法。前者是以直線分割 2 群，再分析屬於哪一群，後者是以曲線分割 2 個群，再分析屬於哪一群。

註：即使是利用馬哈拉諾畢斯距離的判別分析，在特殊的情形中也有以直線分割的時候。

　　從下節起，依序調查這些方法。

小博士解說

以經驗所得出的判別法

　　從多變量的資料判別事物之黑白的方法，其他也有許多。顯示生活文化度的「恩格爾（Engel's Coefficient）係數」、從溼度與溫度測量舒服與否的「不舒服指數」、以簡單的數字判斷智能高低的「智能指數」等。

　　這些說起來都是從經驗法則所誕生的判別法。將本章所調查的判別結果，與這些經驗法則相比較時就會非常有趣。

6-2 利用線性判別函數來分群(1)

本節與下節要考察利用線性判別函數的判別法，這是判別分析的重要手法。首先，本節就線性判別函數的意義加以考察，請看以下資料。第一節所列舉的資料，為了說明容易，已略加調整。在此資料中，畫出筆試與面試的分數的相關圖，即為以下的圖形。

■模擬考試的成績與合格與否的結果

學生 NO.	模擬筆試成績	模擬面試成績	進入公司之可否
1	50	70	合格
2	20	80	合格
3	50	50	不合格
4	70	60	合格
5	90	90	合格
6	50	90	合格
7	80	60	不合格
8	70	70	不合格
9	30	50	不合格
10	60	80	合格

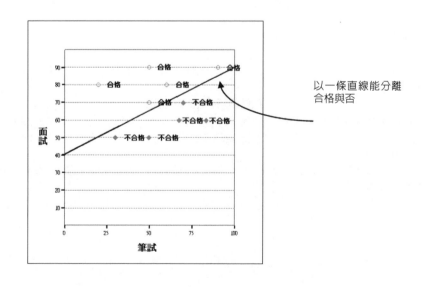

以一條直線能分離合格與否

　　如上圖所示，可否的 2 個群能以一條直線完全加以分離。像這樣尋找能將 2 群最適分割的一條直線，即爲利用線性判別函數的判別分析。

　　假定分割 2 群的直線式如下設定：

$$ax + by + c = 0 \qquad ①$$

此時，考察將左邊換成 Z 的如下方程式：

$$Z = ax + by + c \qquad ②$$

此與 x−y 平面相交的平面 α，其相交處即爲①的直線。

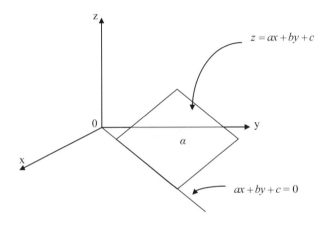

　　平面的方程式②，可以想成是由 2 變量 x、y 合成新變量 z 的式子。如下頁上圖所示，如果分割直線①能適切分成 2 群時，那麼屬於哪一群即可以變量 z 的正負來判別。

小博士解說

平面的方程式

　　方程式 z = ax + by + c 表空間中的平面，此乃是一次方程式

$$px + qy + rz + s = 0 \qquad ③$$

　　表示平面，此種一致性質的具體例，如設 p = −a、q = −b、r = 1、s = −c 時，③即爲線性判別函數②。

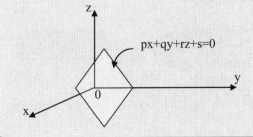

6-3 利用線性判別函數來分群(2)

■合格群、不合格群明確區分

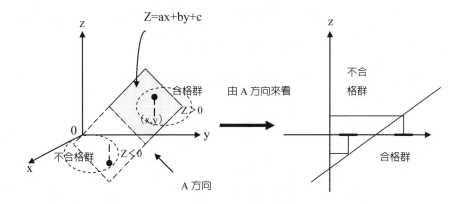

如此圖所示 Z > 0 的樣本是屬於合格群，Z < 0 的樣本是屬於不合格群，像這樣取決於其正負，可以判別是屬於哪一群的式子 z = ax + by + c 稱為線性判別函數。求分割此 2 群的直線 ax + by + c = 0，與求此線性判別函數 z = ax + by + c 是同義的。

附帶一提，各樣本的 z 值稱為判別分數，因分析時會加以利用，請先記住為宜。

$$z = ax + by + c$$
線性判別函數

$$z_1 = ax_1 + by_1 + c$$
樣本 1 的判別分數

■合格的判定只要計算 z 即可

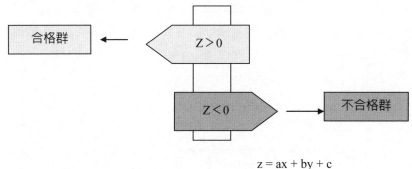

$$z = ax + by + c$$

　話題回到最初的就職考試吧，筆試成績當作 x、面試成績當作 y，分割直線的方程式①假定可以表示為：

$$ax + by + c = 0 \qquad ①$$

在相關圖中，試將數據垂直投影在此直線上看看。

■數據垂直投影在此直線上，更容易了解

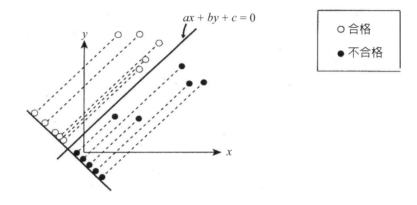

　由上圖似乎可知，如將分布垂直投影在分割直線上時，2 群即可看出已被分離。求分割直線，與尋找能看出 2 群被分離的方向是一樣的。

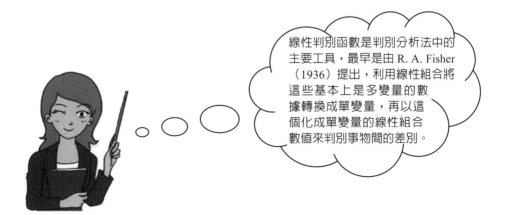

線性判別函數是判別分析法中的主要工具，最早是由 R. A. Fisher（1936）提出，利用線性組合將這些基本上是多變量的數據轉換成單變量，再以這個化成單變量的線性組合數值來判別事物間的差別。

6-4 利用線性判別函數來分群(3)

　　改變看資料的角度，進行新的發現，此種方法在多變量分析中是經常利用的。判別分析也是如此，如可找出能清楚看出 2 群被分離的方向時，即能畫出分割直線，此即為線性判別分析的重要想法。

　　以上的討論是針對 2 變量 x、y，將此一般化成 n 變量也是很簡單的，試考察 n = 3 的情形。

　　如果是 3 變量 x、y、z 時，對應 2 變量之分割直線者即為平面，

$$ax + by + cz + d = 0 \ (a \cdot b \cdot c \text{ 是係數})$$

■ 3 變量時，以平面分割

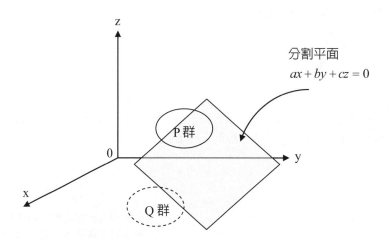

　　此情形的線性判別函數無法畫在紙面上。2 變量時的判別函數 z = ax + by + c 是平面，因之總可以設法畫在紙面上，可是 3 變量時的線性判別函數 w = ax + by + cz + d 是表示 4 次元空間中的平面（即此為超平面），無法畫在紙面上是理所當然之事。

■超平面只能想像了

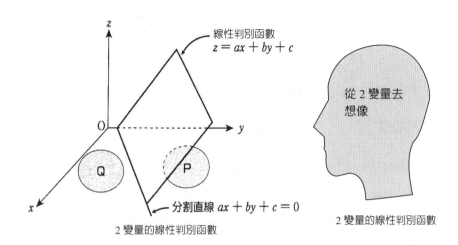

線性判別函數
$z = ax + by + c$

從 2 變量去
想像

分割直線 $ax + by + c = 0$

2 變量的線性判別函數

2 變量的線性判別函數

　像此種情形，只能從 2 變量的情形去想像。

　且說目前所調查的例子，是以完全分離 2 個群的假想資料為對象，因此畫出了能完全分割 2 個群的直線。可是一般來說，2 群多少會有混在一起的地方。

　2 群的分配有重疊時，要如何才可畫出分割直線是問題所在，回答此事即為利用線性判別函數的判別分析真正的目的。

　解決它的想法，如先前所涉及的「高明地選出可眺望分配的方向」。下節起試著具體地展開它的構想。

6-5 線性判別函數的變異數是挖寶(1)

　　對資料所包含的樣本找出分割成 2 群的直線，即為「利用線性判別函數的判別分析」，此在前節已有考察，並且，如果利用由該分割直線所得出的線性判別函數時，以值的正負可以「判別」屬於哪一群，也有過考察。接著，如高明地選出眺望分配的方向時，適切的分割直線在相關圖上即可看出，也有過確認。本節試著具體地求出此分割直線與線性判別函數。

■尋找分割直線

　　如調查一般化的理論時，式子會變得複雜。因此，以如下的 2 變量之資料試著尋找能高明分割 2 群的分割直線。

	x	y	群	
1	x_1	y_1	P	
:	:	:	:	
i	x_i	y_i	P	群 P
:	:	:	:	
m	x_m	y_m	P	
m+1	x_{m+1}	y_{m+1}	Q	
:	:	:	:	
j	x_j	y_j	Q	群 Q
:	:	:	:	
n	x_n	y_n	Q	

　　如此表那樣，假定各樣本被分成 P、Q 2 個群，並且最初的 m 個樣本是屬於群 P，剩餘的是屬於群 Q（如果進行重排時，所有的資料都可變成如此）。

　　首先畫出相關圖看看。

■高明分割 2 圓的直線是何處

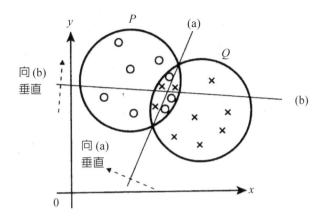

試著如此圖所示的那樣，畫出 2 條直線 (a)、(b) 看看。

顯然 (a) 比 (b) 更能高明地分割，此處沿著垂直方向，在各直線上觀察分布看看。此即為下圖。

■ P、Q 的分配曲線

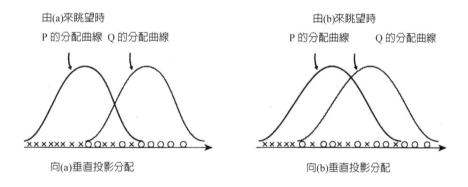

如此圖所示那樣，如將資料垂直地投影在適切的分割直線時，2 群的分配即可兩極化。

6-6 線性判別函數的變異數是挖寶(2)

　　試以式子表現此兩極化看看，因此也試著求樣本到分割直線的距離，也就是說，被垂直投影在分割直線上的分布，即為到分割直線的距離之分布。

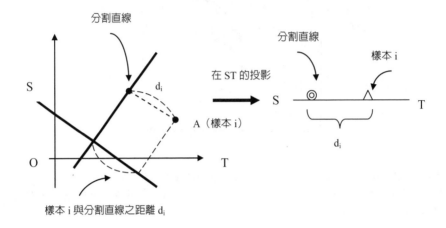

■至分割直線的距離

　　試根據前頁下圖調查第 i 個樣本看看，變量之值當作 x_i、y_i。試求相關圖上表示此樣本的點 $A(x_i, y_i)$ 與分割直線的距離。

　　分割直線的式子設為如下：

$$ax + by + c = 0 \quad (a \cdot b \cdot c \text{ 是常數}) \qquad ①$$

　　表示第 i 個樣本的點 A 至直線①的距離 d_i，從數學的公式知可寫成如下：

$$至分割直線的距離 (d_i) = \frac{|ax_i + by_i + c|}{\sqrt{a^2 + b^2}}$$

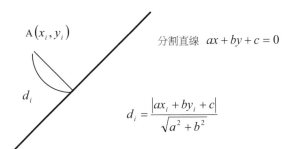

此處想必發覺有趣事項，絕對值記號中的值，即為前節所調查的線性判別函數之值（亦即判別分數），亦即利用由①所得到線性判別函數：

$$z = ax + by + c = 0 \qquad ②$$

的變數 z 時，上述的距離可寫成如下：

$$d_i = \frac{|z_i|}{\sqrt{a^2 + b^2}} \qquad ③$$

此處 z_i 是第 i 個樣本的判別分數，可如下定義：

$$z_i = ax_i + by_i + c$$

③式意謂判別分數 z_i 是表示分割直線與樣本的距離程度。

註：判別分數 z_i 並非是至分割直線的距離，判別分數是與1式的距離有關。

■ 判別分數 z_i 是表示分割直線與樣本的距離程度

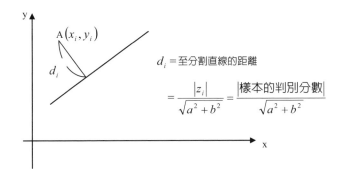

6-7 線性判別函數的變異數是挖寶(3)

■至分割直線的距離

此處試調查此線性判別函數之值（亦即判別分數）的變異數看看。Z 由於是提供分割直線與樣本之距離的指標，因之它的變異數也許是被埋藏的寶物。調查變異數一事，就像複迴歸分析、主成分分析中所使用的那樣，是多變量分析的常用手段。

立即，調查判別分數 z 的變異數 s_z^2 看看。

$$判別分數 z 的變異數 \ s_z^2 = \frac{1}{n-1}\left\{\left(z_1 - \overline{z}\right)^2 + \left(z_2 - \overline{z}\right)^2 + \cdots + \left(z_n - \overline{z}\right)^2\right\}$$

此處 z 的平均以 $\overline{z}$ 表示，因為分數顯得麻煩，以下試調查 { } 之中的偏差平方和 s_T。

$$s_T = \left(z_1 - \overline{z}\right)^2 + \left(z_2 - \overline{z}\right)^2 + \cdots + \left(z_n - \overline{z}\right)^2 \qquad ④$$

此 s_T 的大小，是與變異數 s_z^2 的大小有連帶關係。

如最初的表所調查的那樣，樣本從 1 到 m 是屬於 P 群，剩餘的是屬於 Q 群，因此 s_T 可以如下分成 2 群之和。

$$s_T = \underbrace{\left(z_1 - \overline{z}\right)^2 + \cdots + \left(z_m - \overline{z}\right)^2}_{群\ P} + \underbrace{\left(z_{m+1} - \overline{z}\right)^2 + \cdots + \left(z_n - \overline{z}\right)^2}_{群\ Q}$$

此次，按各群試著改成與組之平均之差（偏差）的關係看看。

亦即 $\overline{z_P}$ 當作 P 群的 z 之平均，$\overline{z_Q}$ 當作 Q 群的 z 之平均。

$$s_T = \underbrace{\left(z_1 - \overline{z_P} + \overline{z_P} - \overline{z}\right)^2 + \cdots + \left(z_m - \overline{z_P} + \overline{z_P} - \overline{z}\right)^2}_{建立與\ P\ 群的平均\ \overline{z_P}\ 之偏差} + \underbrace{\left(z_{m+1} - \overline{z_Q} + \overline{z_Q} - \overline{z}\right)^2 + \cdots + \left(z_n - \overline{z_Q} + \overline{z_Q} - \overline{z}\right)^2}_{建立與\ Q\ 群的平均\ \overline{z_Q}\ 之偏差}$$

展開並加以整理時，成為如下：

$$s_T = s_B + s_W \qquad ⑤$$

$$s_B = n_P\left(\overline{z_P} - \overline{z}\right)^2 + n_Q\left(\overline{z_Q} - \overline{z}\right)^2 \qquad ⑥$$

$$s = \left(z_1 - \overline{z_P}\right)^2 + \left(z_2 - \overline{z_P}\right)^2 + \cdots + \left(z_m - \overline{z_P}\right)^2 + \left(z_{m+1} - \overline{z_Q}\right)^2 + \left(z_{m+2} - \overline{z_Q}\right)^2 + \cdots + \left(z_n - \overline{z_Q}\right)^2 \qquad ⑦$$

此處 n_P、n_Q 分別是表示群 P、Q 所含的樣本數 ($n_P = m$)。有趣的是，判別分數 z 的偏差平方和 s_T，可以如下分解成 2 個和。

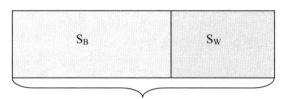

S_T（判別分數的偏差平方和）

那麼試調查⑤式所表示的 S_B、S_W 之意義。

首先，調查⑥式所表示的 S_B 吧。$\overline{z_P} - \overline{z}$ 是群 P 的平均 $\overline{z_P}$ 與資料全體的平均 $\overline{z}$ 之差，因此 $n_P\left(\overline{z_P} - \overline{z}\right)^2$ 是表示群 P 全體偏離資料的中心有多少，同樣 $n_Q\left(\overline{z_Q} - \overline{z}\right)^2$ 是表示群 Q 偏離資料中心有多少，亦即 S_B 可以想成 2 群偏離資料中心有多少的量。

■ S_B 可以想成 2 群 P、Q 的偏離程度

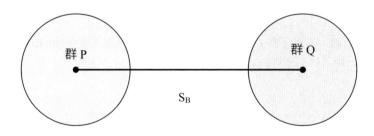

S_B 是表示 2 群 P、Q 相離的程度

6-8 線性判別函數的變異數是挖寶(4)

承續前述，其次，試調查②式所表示的 S_W 看看。S_W 的最初之和：

$$\left(z_1 - \overline{z_P}\right)^2 + \left(z_2 - \overline{z_P}\right)^2 + \cdots + \left(z_m - \overline{z_P}\right)^2$$

是表示在 P 群中判別分數的偏差平方和。S_W 的其次之和：

$$\left(z_{m+1} - \overline{z_Q}\right)^2 + \left(z_{m+2} - \overline{z_Q}\right)^2 + \cdots + \left(z_n - \overline{z_Q}\right)^2$$

是表示在 Q 群中判別分數的偏差平方和。因此 S_W 可以想成是表示各個數據在各群中的變動，S_W 如果小時，顯示各群看起來密集。

■ S_W 可以想成 2 群 P、Q 的密集程度

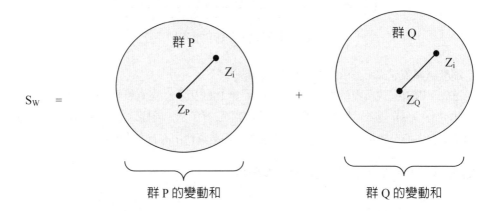

由以上的討論，可以了解如下事項，亦即判別分數的偏差平方和 S_T（亦即變異數 S_z^2），可以分離成表示 2 群間之距離的指標的部分（S_B），以及表示群內變動的部分（S_W）。

■求出增大距離的分割直線

話題回到③式，亦即下式：

$$d_i = \frac{|z_i|}{\sqrt{a^2 + b^2}}$$
③

如此式所示，判別分數 z_i 是提供「分割直線與樣本之距離的指標」。該判別分數的分散程度（亦即變異數），如上圖可分離成 S_B 與 S_W，也就是說，「分割直線與樣本之距離」的分散程度，可以分離成 S_B 與 S_W 此二部分。

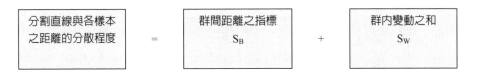

分割直線與各樣本之距離的分散程度	=	群間距離之指標 S_B	+	群內變動之和 S_W

終於提出結論的準備已經就緒，目的是尋找將 2 群 P、Q 兩極化的方向。表示此兩極化的「分割直線與樣本之距離」的分配，可以分離成 S_B 與 S_W 2 個部分，因此可以找出分割直線的方向使增大表示群間之距離 S_B 時，2 群 P、Q 即可被兩極化，因此為分割直線，亦即線性判別函數的決定原理。

■以 S_B 決定群的分離

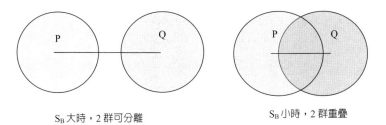

S_B 大時，2 群可分離　　　　　　S_B 小時，2 群重疊

■求線性判別函數

但是，將線性判別函數，亦即：

$$z = ax + by + c$$

的係數增大時，當然 S_B 與 S_T 也會隨之增大，於是 S_B 的大小即無法討論。因此，考慮以下的比 F：

$$F = \frac{S_B}{S_T}$$
⑧

使 F 比最大，是使 2 群間之距離的指標 S_B 所占的比率，最大群即可兩極化。

6-9 線性判別函數的變異數是挖寶(5)

此即為想求的情形。

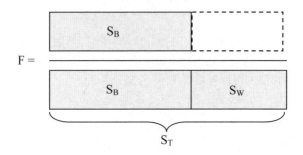

使用線性判別函數寫下此 F 比看看。將④、⑥代入⑧，將 Z 換成 $ax + by + c$ 並整理時，即為：

$$F = \frac{n_P\{a(\overline{x_P} - \overline{x}) + b(\overline{y_P} - \overline{y})\}^2 + n_Q\{a(\overline{x_Q} - \overline{x}) + b(\overline{y_Q} - \overline{y})\}^2}{(n-1)\{a^2 S_x^2 + 2ab S_{xy} + b^2 S_y^2\}} \qquad ⑨$$

註：S_x^2、S_y^2 是變量 x、y 的變異數，S_{xy} 是 x、y 的共變異數，並且 $\overline{x_P}$ 是群 P 之中 x 的平均，x_Q 等也一樣。

試求 F 的最大值看看。F 比的最大值，從極值條件（附錄 1）需要滿足下式：

$$\frac{\partial F}{\partial a} = 0 \text{、} \frac{\partial F}{\partial b} = 0 \qquad ⑩$$

如求解由此所得到的 2 個聯立方程式時，即可得出係數 a、b 之值，如此一來，即可求出 F 的最大值。

以上，想必已了解求分割 2 群的直線①，及線性分割判別函數②，亦即：

$$\begin{aligned} ax + by + c &= 0 \qquad ① \\ z &= ax + by + c \qquad ② \end{aligned}$$

的係數 a、b 的方法之原理了。

但是，分割直線的常數項 c 仍然未定。之前的討論是注視偏差（變量與平均之差），因之常數項抵銷而未出現於表面。

要決定此常數 c，如直線①通過 1 點就很足夠，因此如下圖，使之通過 2 群 P、Q 之 x、y 的平均的中點 M。

■分割直線是通過 2 群的平均的中點來決定 c

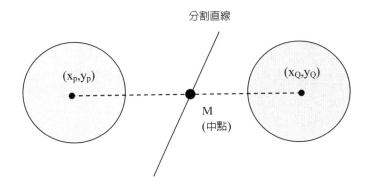

■就職考試例子

使用以上的理論,實際求線性判別函數看看。將第 1 節所表示的就職考試的合格與否之資料,作爲例子再次利用看看。P 當作不合格群,Q 當作合格群。

首先,試計算⑨式亦即:

$$F = \frac{n_P\{a(\overline{x_P} - \overline{x}) + b(\overline{y_P} - \overline{y})\}^2 + n_Q\{a(\overline{x_Q} - \overline{x}) + b(\overline{y_Q} - \overline{y})\}^2}{(n-1)\{a^2 S_x^2 + 2ab S_{xy} + b^2 S_y^2\}}$$

之中所含的各統計量看看。如利用 EXCEL 等時,這些可由表立即計算出來(第 1 章)。

學生 NO.	模擬筆試成績	模擬面試成績	進入公司之可否
1	50	70	合格
2	20	80	合格
3	50	50	不合格
4	70	60	合格
5	90	90	合格
6	50	90	合格
7	80	60	不合格
8	70	70	不合格
9	30	50	不合格
10	60	80	合格

6-10線性判別函數的變異數是挖寶(6)

由此表實際求出值時，

$n = 10$、$n_P = 4$、$n_Q = 6$

$\bar{x} = 57$、$\bar{y} = 70$

$\overline{x_P} = 57.5$、$\overline{y_P} = 57.5$、$\overline{x_Q} = 56.7$、$\overline{y_Q} = 78.3$

$S_x^2 = 467.8$、$S_{xy} = 55.6$、$S_y^2 = 222.2$

因之，F 比可具體記述如下：

$$F = \frac{4\{(57.5-57)a + (57.5-70)b\}^2 + 6\{(56.7-57)a + (78.3-70)b\}^2}{9\{467.8a^2 + 2 \times 55.6ab + 222.2b^2\}}$$

對此應用極值條件⑩，求解得出的聯立方程式時，線性判別函數的係數即可如下求出：

$$a = 0.026 \text{、} b = -0.189$$

並且，表示 2 群 P、Q 中的變量 x、y 的平均之點分別是 $(\bar{x}_P, \bar{y}_P)$、$(\bar{x}_Q, \bar{y}_P)$，分割直線①通過其間中點已決定 c 時，即為：

$$c = 11.328$$

因之，可得出如下的直線作為分割直線①的具體式：

$$0.026x - 0.189y + 11.328 = 0$$

並且線性判別函數②成為如下：

$$Z = 0.026x - 0.198y + 11.328 = 0 \qquad ⑩$$

試將此分割直線畫在散布圖上看看，知可高明的分割 2 個群。

■在散布圖上畫分割直線⑩

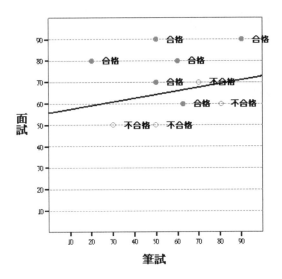

如得出線性判別函數時，分群的分析即有可能。亦即在分群時，可以看出哪一個變量是如何影響的，譬如請看⑩的係數，面試（y）比筆試（x）對判斷函數的貢獻較大，由此可知，即使是總分相同的學生，面試佳的人在就職考試中容易錄取。

■觀察判別函數的係數，即可調查變量的重要性

以上，調查 2 個變量的情形。可是即使是 3 個變量已上也是一樣，只是計算變的複雜，因之實際上可利用專用統計分析軟體進行分析。

6-11馬哈拉諾畢斯距離
是以標準差作為單位之距離(1)

以區分資料的手段來說，除前節所考察的利用線性判別函數的方法外，另外有一個著名的方法，即為標題的利用馬哈拉諾畢斯距離的方法。馬哈拉諾畢斯是印度的數學家，冠上理論創始者之名的馬哈拉諾畢斯距離到底是什麼呢？首先試從 1 變量調查。

試調查 2 廠的產品檢驗的結果作為例子。下表是被判斷為良品與不良品的檢查測試的分數。

良品	不良品
69	33
72	30
57	60
69	18
51	27
66	72
60	57
69	9
54	45
66	42

全部被換算成滿分 100 分，試將此如下圖描點看看。知良品的分散與不良品的分散有重複。

■良品、不良品的分布有重複

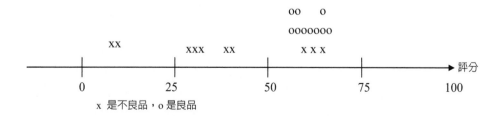

x 是不良品，o 是良品

　　此處假定取得了 54 分的為產品 A，此產品 A 是屬於良品群還是不良品群呢？只由此圖示是無法明確判斷的。

　　因此，假定各樣本的數據服從常態分配，決定描繪常態分配曲線看看。此如下表只要計算平均與標準差就很足夠。根據此表，2 群重疊描繪常態分配的圖形時，即如下圖。

■不良品、良品的常態分配曲線

數學 ＼ 品質	良品	不良品
平均	63.3	39.3
標準差	6.9	18.7

■不良品、良品的常態分配曲線

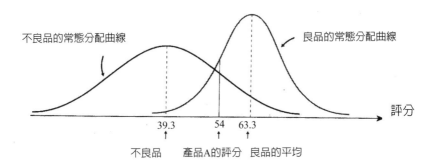

　　此處，請看取得 54 分的產品 A 位置。如果是單純的座標之差時，則位於良品群的中心位置，可是良品的分配的標準差小，畫出尖銳的山峰，因之相對地可以解釋為「離中心遠」。只是單純的座標差，無法討論接近何者。

　　因此，所想出的是（1 變量）的馬哈拉諾畢斯距離，此可如下定義：

$$馬哈拉諾畢斯距離 (D) = \frac{|x - \bar{x}|}{Sx} \qquad ①$$

註：｜　｜是稱為絕對值的記號。｜　｜之中如為負時，改變符號使之為正。

　　Sx 是變量 x 的標準差、$\bar{x}$ 是平均。利用絕對值之記號是想使值成為正所致，簡單的說①是已標準化的數據的絕對值。馬哈拉諾畢斯是將分配的寬度加入一起考量的。

6-12馬哈拉諾畢斯距離
是以標準差作為單位之距離(2)

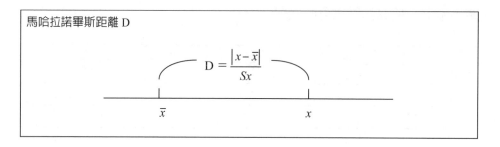

馬哈拉諾畢斯距離 D

$$D = \frac{|x - \bar{x}|}{Sx}$$

$\bar{x}$ x

　因為分配是假定服從常態分配，並且進行了數據的標準化，所以如果馬哈拉諾畢斯距離相等時，以機率來說是位於相等的位置上。

■左右的 D 相等

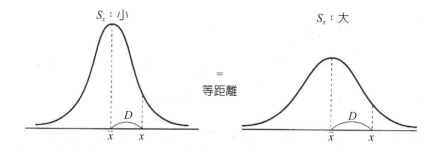

S_x：小　　　　　　　　　　S_x：大

=
等距離

D　　　　　　　　　　D

$\bar{x}$ x　　　　　　　　$\bar{x}$ x

　並且馬哈拉諾畢斯距離愈大，機率上即位於不容易發生之位置。

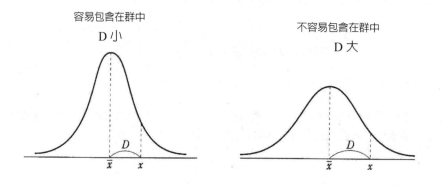

容易包含在群中　　　　　　不容易包含在群中
D 小　　　　　　　　　　　D 大

D　　　　　　　　　　　D

$\bar{x}$ x　　　　　　　$\bar{x}$ x

　　總之，1 次元的馬哈拉諾畢斯距離，可以想成是以標準差為單位的距離測量法。

　　立即利用此馬哈拉諾畢斯距離，解決目前所調查的「取得 54 分的產品是屬於良品或不良品」的判別問題吧。

　　為了討論取得 54 分的產品 A 是屬於哪一群，可以討論屬於哪一群的機率較大。那麼計算目前所引進的馬哈拉諾畢斯距離看看。

$$\text{在良品中的馬哈拉諾畢斯距離} = \frac{|54 - 63.3|}{6.9} = 1.35$$

$$\text{在不良品中的馬哈拉諾畢斯距離} = \frac{|54 - 39.3|}{18.7} = 0.79$$

　　由此可知產品 A 位於接近不良品群之「距離」，所以產品 A 可以考慮經驗法則，判斷為不良群。

6-13多變量的馬哈拉諾畢斯距離 是1變量的擴張(1)

前節調查了 1 變量的馬哈拉諾畢斯距離，假定服從常態分配後，如下定義距離：

$$D = \frac{|x - \bar{x}|}{Sx}$$

此乃將幾何學上的距離除以標準差，以補充分配的寬度的差異。

接者，此次試對馬哈拉諾畢斯距離調查變量有 2 個的情形看看。

2 變量的情形，雖然是高明的擴張 1 變量的情形即可，但要如何進行才好呢？數學家馬哈拉諾畢斯巧妙地解決了它。

首先將 1 變量的馬哈拉諾畢斯距離如下情形看看：

$$D^2 = \frac{|x - \bar{x}|^2}{S_x} = \frac{(x - \bar{x})^2}{S_x^2} = (x - \bar{x})(S_x)^{-1}(x - \bar{x})$$

馬哈拉諾畢斯將此發展成向量與矩陣的關係，亦即如下將 1 次元的向量擴張成 2 次元。

1 變量	2 變量
左邊的 $(x - \bar{x})$	$(x - \bar{x})(y - \bar{y})$
右邊的 $(x - \bar{x})$	$\begin{bmatrix} x - \bar{x} \\ y - \bar{y} \end{bmatrix}$
$(S_x^2)^{-1}$	$\begin{bmatrix} S_x^2 & S_{xy} \\ S_{xy} & S_y^2 \end{bmatrix}^{-1}$

註：A^{-1} 是表示 A 的逆矩陣。關於向量與矩陣請參考附錄 4。

亦即 2 變量的馬哈拉諾畢斯距離可以如下定義：

$$D^2 = \left[(x - \bar{x})(y - \bar{y})\right] \begin{bmatrix} S_x^2 & S_{xy} \\ S_{xy} & S_y^2 \end{bmatrix}^{-1} \begin{bmatrix} x - \bar{x} \\ y - \bar{y} \end{bmatrix}$$

對 3 變量以上的情形，擴張也是很容易的，譬如 3 變量的情形，可以如下擴張：

$$D^2 = \left[(x - \bar{x})(y - \bar{y})(z - \bar{z})\right] \begin{bmatrix} S_x^2 & S_{xy} & S_{xz} \\ S_{xy} & S_y^2 & S_{yz} \\ S_{xz} & S_{yz} & S_z^2 \end{bmatrix}^{-1} \begin{bmatrix} x - \bar{x} \\ y - \bar{y} \\ z - \bar{z} \end{bmatrix}$$

2 變量時，如連結馬哈拉諾畢斯距離相等的點時，它即成為 1 條曲線（拋物線），此有如地圖中的等高線。位於此曲線上的點，被包含在群的程度是一樣的。

■馬哈拉諾畢斯距離相等的點

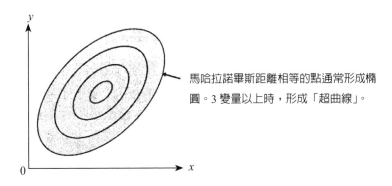

馬哈拉諾畢斯距離相等的點通常形成橢圓。3 變量以上時，形成「超曲線」。

與 1 變量的情形一樣，馬哈拉諾畢斯距離大的數據，即偏離群的中心。換言之，可以想成不易屬於該群，相反地，馬哈拉諾畢斯距離小時，即接近群的中心，可以想成容易屬於該群。

由以上的討論似乎可知，以馬哈拉諾畢斯距離的距離大小，可以判別在觀測的樣本是屬於 P、Q 2 群的哪一個群。

譬如，對某樣本來說，關於 P、Q 2 群的馬哈拉諾畢斯距離分別設為 D_P^2、$\mathbf{D}_Q^2$，此時以下的關係成立：

如 $D_P^2 > \mathbf{D}_Q^2$ 時，則屬於群 Q。

如 $D_P^2 < \mathbf{D}_Q^2$ 時，則屬於群 P。

馬哈拉諾畢斯距離相等時，即成為 2 群的境界線（3 變量時成為境界面）。取決於位於曲線（曲面）的哪一側，即可判斷該樣本屬於哪一群。

6-14 多變量的馬哈拉諾畢斯距離
是1變量的擴張(2)

■境界上的點落入 P、Q 的機率相等

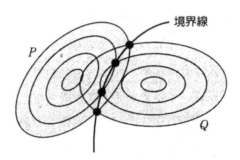

那麼就線性判別函數曾利用的如下資料，試使用馬哈拉諾畢斯距離進行判別分析。

■模擬考試的成績與實際的可否

學生 NO.	模擬筆試成績	模擬面試成績	進入公司之可否
1	50	70	合格
2	20	80	合格
3	50	50	不合格
4	70	60	合格
5	90	90	合格
6	50	90	合格
7	80	60	不合格
8	70	70	不合格
9	30	50	不合格
10	60	80	合格

　如第 3 節所述，這是表示為了就職某大學所進行的模擬考試，與實際就職考試的合格與否的關係。

首先就各群求其平均、變異數、共變異數看看。

群	平均 $\overline{X}$	平均 $\overline{Y}$	變異數 Sx^2	變異數 Sy^2	共變異數 Sxy
不合格	57.5	57.5	491.7	91.7	158.3
合格	56.7	78.3	546.7	136.7	13.3

將此代入馬哈拉諾畢斯距離的式子時：

$$D^2 = \left[(x - \overline{x})(y - \overline{y}) \right] \begin{bmatrix} S_x^2 & S_{xy} \\ S_{xy} & S_y^2 \end{bmatrix}^{-1} \begin{bmatrix} x - \overline{x} \\ y - \overline{y} \end{bmatrix}$$

可得出合格、不合格的各群的具體的馬哈拉諾畢斯距離。

此計算，如利用 EXCEL 等的計算軟體時是很簡單的（第 1 章）。將此結果記載如下表。

$D^2_{不合格} - D^2_{合格}$如果正時，該樣本接近合格群的中心，因之可以判斷屬於合格群，相反地，如 $D^2_{不合格} - D^2_{合格}$是負時，該樣本可以判斷是屬於不合格，亦即 $D^2_{不合格} - D^2_{合格}$即成為判別函數。

■ 馬哈拉諾畢斯距離的計算結果

學生 NO.	$D^2_{不合格}$	$D^2_{合格}$	$D^2_{不合格} - D^2_{合格}$	可否預估	可否實績	判定
1	1.739	0.588	1.152	合格	合格	O
2	9.400	2.929	6.473	合格	合格	O
3	0.491	6.881	-6.389	不合格	不合格	O
4	0.304	3.956	-3.653	不合格	合格	X
5	9.227	2.602	6.625	合格	合格	O
6	10.192	1.500	8.693	合格	合格	O
7	0.964	5.133	-4.170	不合格	不合格	O
8	1.365	1.247	0.118	合格	不合格	X
9	1.579	6.934	-5.355	不合格	不合格	O
10	4.440	0.035	4.405	合格	合格	O

6-15判別的命中率與誤判率

判別分析中重要的事項是，屬於 2 群中的何者此位於不明之「灰色」領域中的數據能夠判別。可是，當然也帶有判別風險，因此需要有能表示有多少判斷失誤的指標，此即爲判別命中率。另外，判別命中率稱爲正答率的文獻也有。

判別命中率如下定義：

$$判別命中率 = \frac{正確被判斷的數據值}{所有數據值}$$

從與判別命中率相反的想法也可定義誤判率。

$$誤判率 = \frac{被誤判的數據}{所有數據值}$$

譬如，以前節所調查的例子，使用馬哈拉諾畢斯距離調查判別分析的命中率看看。

■使用馬哈拉諾畢斯距離調查判別分析的命中率

學生 NO.	可否預估	可否實績	判定
1	合格	合格	○
2	合格	合格	○
3	不合格	不合格	○
4	不合格	合格	×
5	合格	合格	○
6	合格	合格	○
7	不合格	不合格	○
8	合格	不合格	×
9	不合格	不合格	○
10	合格	合格	○

由此表知，利用馬哈拉諾畢斯距離的判別命中率是 80%。

有 3 位女生與 3 位男生，如 6 位被判別位於女生群時，判別命中率是 $\frac{3}{3+3} = 50\%$。

　　得知判別命中率並不低於 50%，實際上即使全部落空，判別命中率也會在 50% 以上。

　　因此，判別命中率即使是 60%，也不能保證分析成功，80% 仍然是最低所需要的。以基準來說，經常利用下表。

■判別命中率的基準

判別命中率	評價
90%以上	佳
80%以上	略佳
50〜80%	有再檢討的餘地

　　判別命中率由於非常容易理解，因之有輕易使用的傾向，可是要調查的數據數甚少時，有需要適切評價判別分析的妥當性，輕易的利用是危險的。

　　多變量分析結果於統計上的檢定一般是困難的，對於最容易理解的複迴歸分析，在附錄 6 中有說明，以它為參考，去理解多變量分析結果的檢定想法吧。

判別命中率要在 80% 以上才算好的判別！

6-16判別分析的實際

依據目前所考察的內容，實際進行判別分析看看。以例來說，列舉員工的健康管理表，健康管理表上的身高（X）、體重（Y）、座高（U）的數據，並且按男女別整理成表（爲了容易看，按男女別重排）。

■以體格進行判別分析

性別	身高（cm）	體重（kg）	座高（cm）
男	174.1	60.0	88.9
男	170.2	56.5	90.3
男	170.8	50.0	89.4
男	164.5	64.0	93.0
男	170.4	63.5	90.1
男	166.0	50.0	89.5
男	169.1	58.0	92.8
男	167.0	57.0	87.0
男	173.7	65.5	92.1
女	157.4	54.3	81.1
女	154.0	48.3	85.5
女	163.6	55.3	89.5
女	154.0	50.4	82.5
女	161.5	56.8	88.0
女	159.4	59.3	89.5
女	143.7	40.3	78.8
女	170.1	51.4	89.4
女	157.0	52.5	87.3

試從上表，求線性判別函數看看（第 3 節）：

$$Z = 0.342x + 0.004y + 0.052z - 60.734$$

此值（判別分數）如爲正，即爲男；如爲負，即爲女。
由此線性判別函數可知，對男女的區別來說身高有很大的貢獻。

　　意外地，體重並無太大的貢獻。男女的區別的主因並非體重，而是身高。計算判別分數的結果如下表示。

■判別分數與判定

性別	判別分數	利用線性判別的判定
男	3.62	男
男	2.35	男
男	2.48.	男
男	0.57	男
男	2.43	男
男	0.84	男
男	2.10	男
男	1.08	男
男	3.67	男
女	−2.51	女
女	−3.46	女
女	0.04	男
女	−3.62	女
女	−0.75	女
女	−1.38	女
女	−7.37	女
女	2.24	男
女	−2.34	女

判別命中率
$= \dfrac{16}{18} = 89\%$

　　由此表似乎可知，判別命中率是 16/18×100 ＝ 89%。可以認爲適配尙可。此次，利用馬哈拉諾畢斯距離進行判別分析看看，關於計算方法參前述，此處僅表示計算結果。

■利用馬哈拉諾畢斯距離進行判別

性別	馬哈拉諾畢斯距離（男）	馬哈拉諾畢斯距離（女）	馬哈拉諾畢斯距離的判定
男	2.51	9.75	男
男	0.21	4.90	男
男	3.49	8.44	男
男	5.43	6.56	男
男	1.47	6.33	男
男	2.80	4.49	男
男	1.43	5.63	男
男	1.40	3.57	男
男	1.79	9.13	男
女	10.40	5.37	女
女	8.19	1.27	女
女	1.45	1.54	男
女	8.46	1.22	女
女	2.29	0.80	女
女	5.37	2.62	女
女	22.06	7.31	女
女	2.23	6.72	男
女	5.31	0.63	女

此表中，所謂

「馬哈拉諾畢斯距離（男）」是離男群中心的距離。

「馬哈拉諾畢斯距離（女）」是離女群中心的距離。

因此，以下的判別式成立：

女：馬哈拉諾畢斯距離（男）－馬哈拉諾畢斯距離（女）＞ 0

男：馬哈拉諾畢斯距離（男）－馬哈拉諾畢斯距離（女）＜ 0

依據此判別式判斷男女，即為利用馬哈拉諾畢斯距離的判別分析，由此表可知，與利用線性判別函數來判斷一樣，判別命中率是 16/18×100 ＝ 89%。

小博士解說

有相關事有因果關係的必要條件

閱讀至第 6 章的讀者，想必已發覺出共變異數與相關分析是本書的主角。2 變數的共變異數 S_{xy} 是定義如下：

$$S_{xy} = \frac{(x1-\bar{x})(y1-\bar{y})+(x2-\bar{x})(y2-\bar{y})+\ldots\ldots+(x_n-\bar{x})(y_n-\bar{y})}{n-1}$$

另外，相關係數是定義如下：

$r_{xy} = \dfrac{S_{xy}}{S_x \cdot S_y}$ 此處，S_x、S_y 是各個變數的標準差。

就各種資料計算共變異數與相關係數時，有時會遇見可以看出強相關的現象，譬如，就地域的郵局數與癌症死亡人數計算共變異數與相關係數時，可以看出強烈正的相關，亦即得出正郵局愈多，癌症死亡人數也愈多的統計結論。

此處需要注意，像這樣即使以單純的計算結果得出強的相關，也不一定會隱藏著的因果關係。

以目前的例子來說，郵局愈多的地域，當然人口也愈多，癌症死亡人數也會減少，但那是不可能的。有相關，不過是有新的因果關係的必要條件而已。

此例雖然過於單純，但以統計資料得出有強的相關，就喜出望外地認為是「大發現」是經常聽到的話。從資料所得到的統計量，如只是以單純的數據來看時就會掉入意想不到的陷阱中是要注意的。

Note

第7章
集群分析

7-1 相似？不相似？(1)

　　cluster 是指「集群」或「同類物聚集」之意。

　　因此 cluster 分析是將所給予的數據，區分成相似夥伴之群的一種方法，將相似的夥伴予以集群，它就是集群分析。

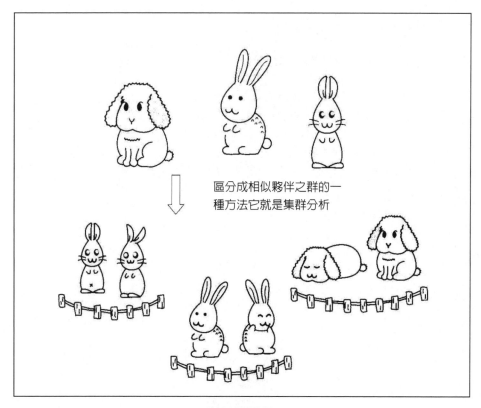

　　區分成相似夥伴之群的一種方法它就是集群分析

相似的夥伴

■相似

　　為了將相似者集群有需要定義「相似」。馬上想到的就是：

　　「相似」＝「距離相近」。

　　真的是這樣嗎？可是，決定是否相似不只是距離而已。

譬如，也可想成：

「相似」＝「相同的反應」。

或許也是可以的。

測量此種「相似程度」的方法有：

1. Euclid 距離。
2. Euclid 距離的平方。
3. Mahalanobis 距離。
4. 相關係數。

等等。

此等方法可以想成距離概念的一般化，因之，將這些方法在廣義下稱爲**距離**吧。

可在集群分析中將數據稱爲**個體**，因此，個體與個體的聚集，即構成群（cluster）。

7-2 相似？不相似？(2)

■群間的距離

決定了測量「相似」的方法時，就將彼此相似者予以聚集。

此時問題是「如何決定 2 個群之距離 D 呢」？因此，可以想到以下 2 個情形：

1.群的成分只由1個所構成時

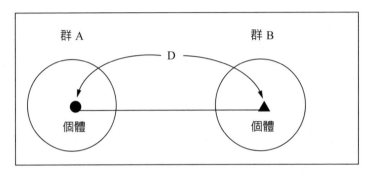

群 A   群 B

D

個體   個體

2 個群間之距離即為個體與個體之距離

此時因可當作：

個體與個體之距離＝群之距離 D

是可以的，所以沒有問題。

1.是很簡單的……

問題在
這裡！

2.是要測量群內的哪
一個點與哪一個點
才好呢？

2. 群的成分是由2個以上所構成時

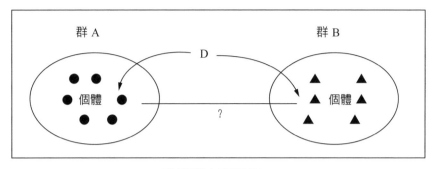

群與群之距離是？

在群 A 的哪一個個體與群 B 的哪一個個體之間，要如何測量才好呢？
「決定 2 個群間之距離 D 的方法中」，事實上有許多的方法是為人所熟知的。
主要的方法，如下：

1. 最短距離法。
2. 最長距離法。
3. 群平均法。
4. 中位數法。
5. 重心法。
6. ward 法。

最短距離法也稱為最近鄰法；
最長距離法也稱為最遠鄰法。

7-3 群間距離的決定方法(1)

■最短距離法

利用最短距離法定義群間的距離。

就群 A 的個體與群 B 的個體的所有組合求出距離,其中定義「最短距離＝2 個群 A、B 間的距離 D」。

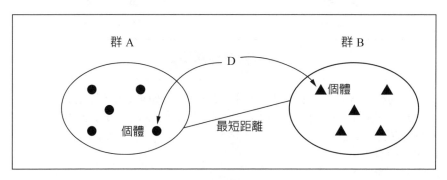

最短距離法

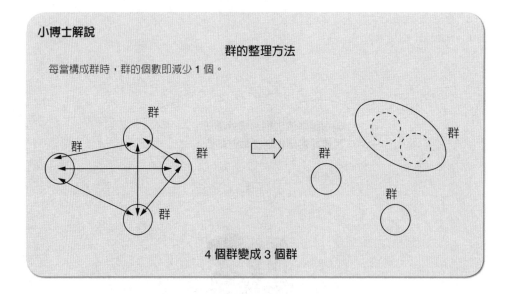

■最長距離法

利用最長距離法定義群間之距離。

就群 A 的個體與群 B 的個體的所有組合求出距離，其中定義「最長距離＝ 2 個群 A、B 間之距離 D」。

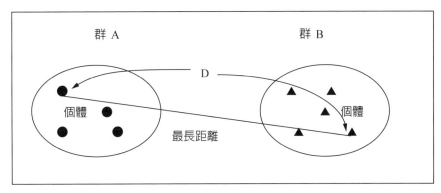

最長距離

■群平均法

利用群平均法定義群間之距離。

就群 A 的個體與群 B 的個體的所有組合求出距離，定義「其距離的平均值＝ 2 個群 A、B 間的距離 D」。

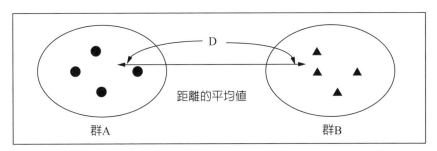

群平均法

7-4 群間距離的決定方法(2)

■中位數法

利用中位數定義 2 個群間之距離。

就群 A 的個體與群 B 的個體的所有組合求出距離,定義「將其距離依序排列時的中央值＝ 2 個群 A、B 間的距離 D」。

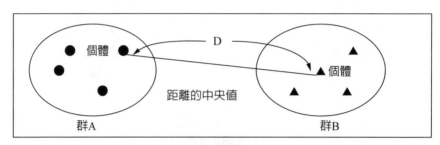

中位數法

■重心法

利用重心法定義 2 個群間的距離。

定義「群 A 的重心與群 B 的重心之距離＝ 2 個群 A、B 之距離 D」。

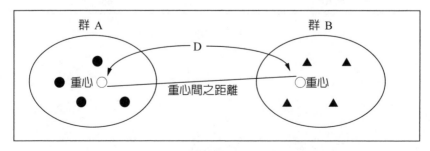

重心法

■ Ward 法

暹邏貓與波斯貓歸納在一起稱爲貓時，則原先是何種貓就不得而知了。

像這樣不同的東西歸納成 1 個時，原先的資訊總會略爲減少，此稱爲集群時的資訊損失量。

利用 Ward 法定義 2 個群間的距離。

將 2 個群 A、B 歸納成 1 個群時，定義「它的資訊損失量＝ 2 個群 A、B 間的距離 D」。

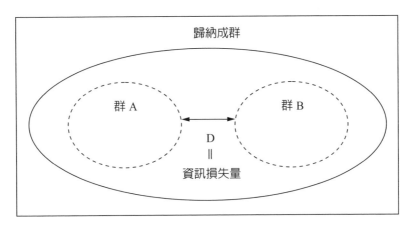

Ward 法

7-5 集群分析的步驟(1)

理解集群分析的唯一捷徑，是實際地將數據輸入電腦看看，由於是就所有的組合尋找「相似」，因之交給電腦來就行了。

■集群分析例

使用以下的數據，具體地進行集群分析看看。

國名	愛滋患者	新聞的發行份數
A	7.6	35.8
B	8.4	22.1
C	24.2	19.1
D	10.0	34.4
E	14.5	9.9
F	12.2	31.1
G	4.8	53.0
H	19.8	7.5
I	7.1	53.4
J	27.8	50.0
K	7.4	42.1

在 SPSS 中的集群分析有：
1. Two step 集群分析。
2. 大規模檔案的集群分析。
3. 階層集群分析。

爲了觀察 11 個國家的位置關係而畫出散布圖時，即爲如下：

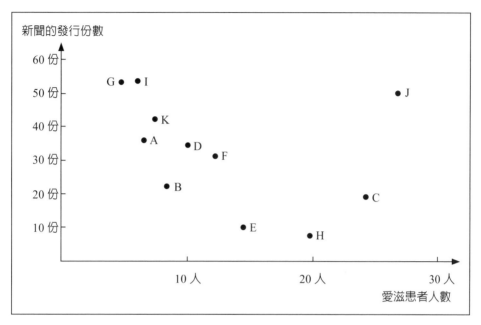

愛滋患者人數與新聞的發行份數

觀察上面的散布圖時，

　{G,I}

　{A,B,D,F,K}

　{C,E,H}

　{J}

似乎可分成四個群。

　集群分析法如下頁從步驟 1 向 10 進行，並且將依序以樹形圖（Dendrogram）之方式來表現歸納的群。

7-6 集群分析的步驟(2)

步驟 1：首先，計算所有組合的「距離」。

	B	C	D	E	F	G	H	I	J	K
A	190.9	588.7	13.5	733.2	53.5	299.1	975.1	310.0	609.7	40.3
B		258.6	153.9	187.1	95.4	967.8	343.1	985.0	1117.0	401.0
C			435.7	178.7	288.0	1525.6	153.9	1504.1	961.6	811.2
D				620.5	15.7	373.0	819.7	377.2	525.6	67.1
E					454.7	1951.7	33.9	1962.8	1759.3	1087.3
F						534.4	614.7	534.5	570.4	144.0
G							2295.3	1.9	493.0	125.6
H								2294.5	1855.3	1350.9
I									440.1	129.4
J										438.8

此組合之中「距離」最小的是 1.9，因之 G 與 I 成為最初群 〔G,I〕。

將 G 與 I 歸納成 1 個群，畫在樹形圖上時，即為如下：

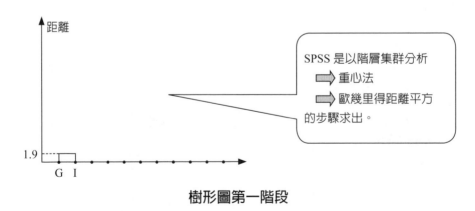

SPSS 是以階層集群分析
⟹ 重心法
⟹ 歐幾里得距離平方
的步驟求出。

樹形圖第一階段

$$(4.8 - 7.1)^2 + (53.0 - 53.4)^2 = 1.85$$

步驟2：因 G 與 I 歸納成一個群，因之，就以下的組合計算「距離」時：

	B	C	D	E	F	G·I	H	J	K
A	190.9	588.7	13.5	733.2	53.5	304.1	975.1	609.7	40.3
B		258.6	153.9	187.1	95.4	975.9	343.1	1117.0	401.0
C			435.7	178.7	288.0	1514.4	153.9	961.6	811.2
D				620.5	15.7	374.1	819.7	525.6	67.1
E					454.7	1957.8	33.9	1759.3	1087.3
F						534.0	614.7	570.4	144.0
G·I							2294.4	467.1	127.0
H								1855.3	1350.9
J									438.8

此組合之中 13.5 是最小的「距離」，因之 A 與 D 構成第 2 個群 ﹛A,D﹜。
畫在樹形圖上時：

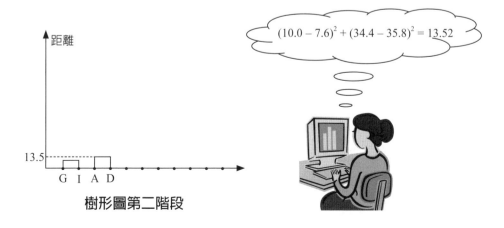

$$(10.0 - 7.6)^2 + (34.4 - 35.8)^2 = 13.52$$

距離

13.5

G I A D

樹形圖第二階段

步驟 3：A 與 D 合併成第 2 個群，因之，就以下的組合計算「距離」時：

	B	C	E	F	G·I	H	J	K
A·D	169.0	508.8	673.5	31.2	335.7	894.0	564.3	49.8
B		258.6	187.1	95.4	975.9	343.1	1117.0	401.0
C			178.7	288.0	1514.4	153.9	961.6	811.2
E				454.7	1957.8	33.9	1759.3	1087.3
F					534.0	614.7	570.4	144.0
G·I						2294.4	467.1	127.0
H							1855.3	1350.9
J								438.8

此組合之中最小的「距離」是 31.2，因之，A、D 與 F 構成第 3 個群〔A,D,F〕。
畫在樹形圖上時：

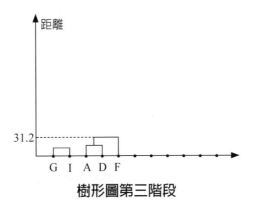

樹形圖第三階段

步驟 4：A、D 與 F 構成了第 3 個群，因之，就以下的組合計算距離時：

	B	C	E	G·I	H	J	K
A·D·F	137.6	428.3	593.6	394.9	794.0	559.4	74.3
B		258.6	187.1	975.9	343.1	1117.0	401.0
C			178.7	1514.4	153.9	961.6	811.2
E				1957.8	33.9	1759.3	1087.3
G·I					2294.4	467.1	127.0
H						1855.3	1350.9
J							438.8

此組合之中最小的「距離」是 33.9，因之出現 ﹛E,H﹜之群。
畫在樹形圖上時：

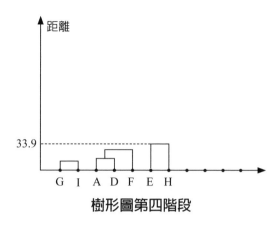

樹形圖第四階段

步驟 5：E、H 構成了 1 個群，因之，就以下的組合計算距離時：

	B	C	E·H	G·I	J	K
A·D·F	137.6	428.3	685.3	394.9	559.4	74.3
B		258.6	257.1	975.9	1117.0	401.0
C			157.9	1514.4	961.6	811.2
E·H				2117.1	1798.8	1210.6
G·I					467.1	127.0
J						438.8

此組合之中最小的「距離」是 74.3，因之，K 包含在 ﹛A,D,F﹜的群中，變成了
﹛A,D,F,K﹜。

畫樹形圖上時：

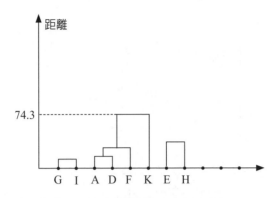

樹形圖第五階段

步驟6：A、D、F、K由於構成1個群，因之，就以下的組合計算距離時：

	B	C	E・H	G・I	J
A・D・F・K	198.5	510.1	802.7	314.0	515.3
B		258.6	257.1	975.9	1117.0
C			157.9	1514.4	961.6
E・H				2117.1	1798.8
G・I					467.1

此組合之中最小的「距離」是157.9，因此，C包含在｛E,H｝的群中，成為 ｛C,E,H｝。

畫在樹形圖上時：

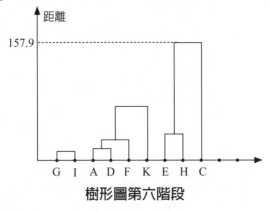

樹形圖第六階段

步驟 7：C、E、H 構成 1 個群，因之，就以下的組合計算距離：

	B	C‧E‧H	G‧I	J
A‧D‧F‧K	189.5	670.1	314.0	515.3
B		221.9	975.9	1117.0
C‧E‧H			1881.1	1484.7
G‧I				467.1

在所有的組合之中最小的「距離」是 189.5，因之，B 包含在 ﹛A,D,F,K﹜的群中，成為﹛A, B,D,F,K﹜。

樹形圖即為如下：

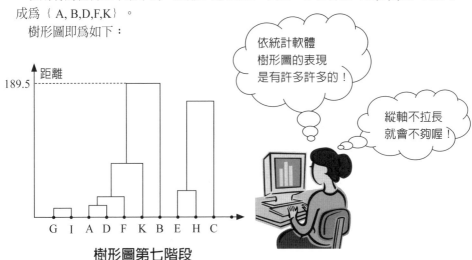

樹形圖第七階段

步驟 8：﹛A, B,D,F,K﹜與﹛G,I﹜構成群﹛A, B,D,F,G,I,K﹜。

步驟 9：﹛A, B,D,F,G,I,K﹜與﹛J﹜構成群﹛A, B,D,F,G,I,J, K﹜。

步驟 10：﹛A, B,D,F,G,I,J,K﹜與﹛C,E,H﹜構成最後的群後即完成。

樹形圖變成如右後即完成。

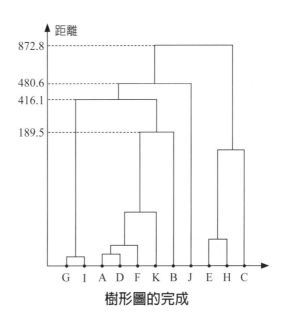

樹形圖的完成

7-7 樹形圖的用法

像下圖那樣的樹形圖，對集群分析來說是不可或缺的圖形表現。

此樹形圖的看法很簡單！

縱軸是表示類似度的「距離」，與橫軸平行的切割，與樹形圖的縱軸相接觸的個數，即為集群的個數。

譬如集群的個數想要 4 個時，如下圖那樣，與橫軸平行去切割即可。

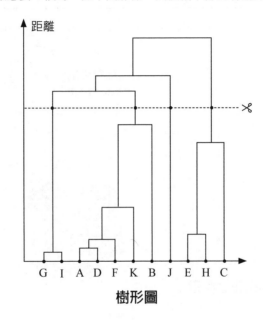

樹形圖

利用樹形圖，即可知道集群的關係！

將 4 個畫在散布圖時，即為如下：

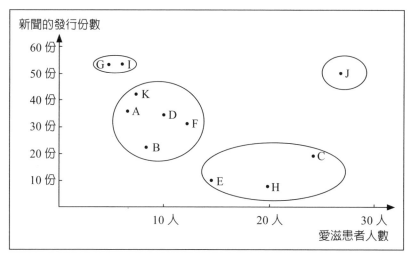

散布圖與 4 個群

對集群分析來說最重要的問題還有 1 個，那就是「最適的群數是幾個」。

事實上，並無明確的基準。最適的群數如一開始就知道時，一面觀察樹形圖，一面在該群數之處平行切割即可。

因此，要分成幾個群，決定於研究該數據之人的腦海中了。

Note

附　錄

附錄1　函數的極值與偏微分

考察平滑的函數，假定此圖形畫出如下，亦即在 $x = a$、$y = b$ 取極值。

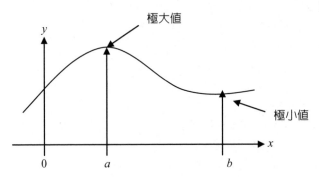

註：極值是指極大值與極小值兩者所使用的用語。極大值、極小值是指從局部性來看成為最大值、最小值。

如所周知，此時函數 $Q = f(x)$ 的導函數在 $x = a$、$x = b$ 時成為 0，亦即在 $x = a$、b

$$\frac{dQ}{dx} = 0 \qquad\qquad ①$$

此為一變數的極值條件。此處 $\frac{d}{dx}$ 是微分記號，表現在 x 微分一事。考察 2 變數 x、y 的函數 $Q = f(x, y)$。假定此函數是十分平滑，此時固定 y，只以 x 當作變數微分的情形也有，稱此為對 x 偏微分，以如下記號表示：

$$\frac{\partial Q}{\partial x}$$

對 y 的偏微分也一樣定義。
譬如以 $f(x, y)$ 考察以下函數：

$$f(x, y) = x^2 + y^2$$

此時，對 x、y 的偏微分即成為如下：

$$\frac{\partial Q}{\partial x} = 2x、\frac{\partial Q}{\partial y} = 2y$$

今假設函數 $f(x, y)$ 在點 (a, b) 處取極值。

此時沿著 x 軸及 y 軸眺望圖形時即為下圖（下圖雖然是極小值的圖像，但極大值也一樣）。

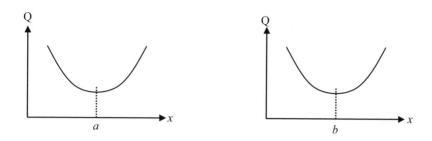

如①式所考察的，當為上圖時，在 $x = a$、$y = b$ 的導函數之值即為 0，亦即在 $x = a$、$y = b$

$$\frac{\partial Q}{\partial x} = 0 \ \text{、} \ \frac{\partial Q}{\partial y} = 0 \qquad\qquad ②$$

此②即為 2 個變數的極值條件。

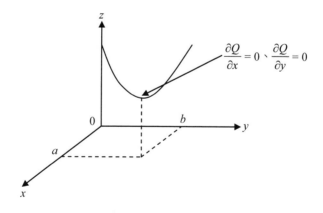

附錄2　Lagrange未定係數法

　　對變數 x、y 的函數 $f(x, y)$ 來說，它是最大值與最小值可從附錄1的極值條件求得。可是許多的多變量分析的問題更為複雜，對 x、y 加上條件。因此，試調查加上條件後的最大、最小問題的解法看看。

　　舉例來說考察如下問題，亦即在

$$x^2 + y^2 - 25 = 0 \qquad ①$$

的條件下，試求

$$f(x, y) = x^2 + y^2 - 6x - 8y \qquad ②$$

的最小值。

　　對此情形有幫助的是 Lagrange 的未定係數法。首先將①、②合成求出如下式子：

$$L = f(x, y) - \lambda(x^2 + y^2 - 25)$$
$$= (x^2 + y^2 - 6x - 8y) - \lambda(x^2 + y^2 - 25) \qquad ③$$

λ 是常數。此時在①的條件下，②取最大值、最小值，如所周知是滿足以下的條件：

$$\frac{\partial L}{\partial x} = 0 \; \text{、} \; \frac{\partial L}{\partial y} = 0$$

此即為 Lagrange 未定係數法，實際計算時：

$$\frac{\partial Q}{\partial x} = 2x - 6 - 2\lambda x = (\partial - 2\lambda)x - 6 = 0$$

$$\frac{\partial Q}{\partial y} = 2y - 8 - 2\lambda y = (\partial - 2\lambda)y - 8 = 0$$

　　這裡與①組合時，可求出 $x = \pm 3$、$y = \pm 4$，將此代入②式時，即可求出最大值75、最小值 -25。

附錄3　向量的基礎

多變量的世界中，經常利用向量的想法。因此此處整理所需的向量知識。

首先，複習向量的基礎。所謂向量，如下圖以箭線來表示，亦即具有大小與方向的量。

向量具有大小與方向

向量的和與積，以箭頭表示時具有如下意義：

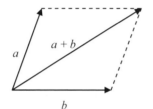
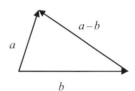

並且，向量的常數倍如下圖那樣加以定義：

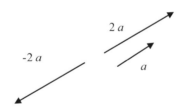

另外，向量可以像座標那樣以數值之組來表現，例如：(1,2,3)，此數值組的各值稱為成分。

向量以粗體字母表示，因此前例即可以如下等式表現：

$$\mathbf{a} = (1,2,3)$$

在字母上方加上箭頭以 $\overrightarrow{a}$ 表示的也有。

表示向量之數值的數稱為次元，前例是 3 次元向量，試表示 1 次元、2 次元、3 次元的向量看看。

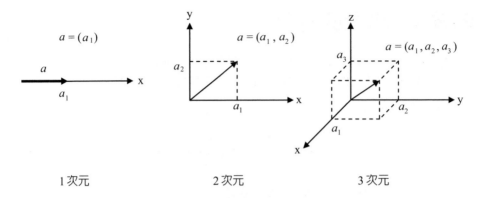

1 次元   2 次元   3 次元

如此圖所示，成分可以想成是向量的先端之座標。

多變量分析中所使用的向量一般是 n 次元，n 次元向量是如下的數值組來表示。

$$\mathbf{a} = (a_1, a_2, \cdots, a_n)$$

多變量分析的情形，以 n 之值來說一般是使用於資料中所含的樣本數。n 是 4 以上時，n 次元向量無法在紙面上描畫，可是如上圖那樣，沿著 1 次元、2 次元、3 次元的流程，可在腦海中想像吧。

試調查向量的大小（亦即，箭線的長度），向量 **a** 的大小記述為 | a |。

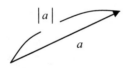

試調查向量 **a** 的大小 | a | 的成分之關係，譬如平面上的向量 **a** = (a_1, a_2) 的大小，可以寫成如下：

$$| \mathbf{a} |^2 = a_1^2 + a_2^2$$

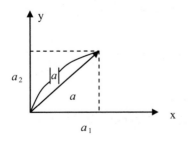

由畢氏定理

$$a_1^2 + a_2^2 = | \mathbf{a} |^2$$

　　將此一般化是很容易的。對於 n 次元向量 $\mathbf{a} = (a_1, a_2, \cdots, a_n)$ 的大小 $|\mathbf{a}|$ 來說，成立如下關係：

$$|\mathbf{a}|^2 = a_1^2 + a_2^2 + \cdots + a_n^2 \qquad ①$$

　　以向量複習的最後來說，試調查 2 向量 $\mathbf{a}$、$\mathbf{b}$ 的內積 $\mathbf{a} \cdot \mathbf{b}$。2 個向量假定具有如下的成分：

$$\mathbf{a} = (a_1, a_2, \cdots, a_n) \ \mathbf{b} = (b_1, b_2, \cdots, b_n)$$

此時 $\mathbf{a}$、$\mathbf{b}$ 內積如下定義：

$$\mathbf{a} \cdot \mathbf{b} = a_1 b_1 + a_2 b_2 + \cdots + a_n b_n \qquad ②$$

以箭線的圖像來說，內積是與 2 個向量所形成的角度有關。

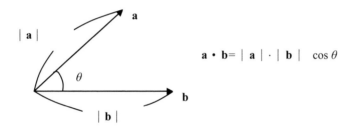

$$\mathbf{a} \cdot \mathbf{b} = |\mathbf{a}| \cdot |\mathbf{b}| \cos \theta$$

　　特別是 $\cos 90° = 0$，因之當 2 個向量垂直時，內積成為 0。此如附錄 5 中的調查，是非常重要的性質。

$$\mathbf{a} \perp \mathbf{b} \ \Leftrightarrow \ \mathbf{a} \cdot \mathbf{b} = 0$$

垂直時　$\mathbf{a} \cdot \mathbf{b} = 0$

附錄4　矩陣與特徵值問題

多變量分析經常利用矩陣，所謂矩陣是如下排列的數陣。

$$\begin{bmatrix} 1 & 2 & 3 \\ 4 & 5 & 6 \end{bmatrix}$$

橫向排列稱為列，縱向排列稱為行。

上面的矩陣稱為 2×3 矩陣，特別是形成正方形的形式稱為方陣。其列所含數據的個數，稱為方陣的階數，以下的矩陣式 2 階的方陣。

$$\begin{bmatrix} 1 & 2 \\ 3 & 4 \end{bmatrix}$$

矩陣的加算與減算如下例，是計算相對應的部位的和與差。

$$\begin{bmatrix} 1 & 2 \\ 3 & 4 \end{bmatrix} + \begin{bmatrix} 4 & 5 \\ 6 & 7 \end{bmatrix} = \begin{bmatrix} 1+4 & 2+5 \\ 3+6 & 4+7 \end{bmatrix} = \begin{bmatrix} 5 & 7 \\ 9 & 11 \end{bmatrix}$$

麻煩的是乘算，此如以下將左方的列與右方的行之內積當作各成分。

$$\begin{bmatrix} 1 & 2 \\ 3 & 4 \end{bmatrix} \begin{bmatrix} 4 & 5 \\ 6 & 7 \end{bmatrix} = \begin{bmatrix} 1\cdot4+2\cdot6 & 1\cdot5+2\cdot7 \\ 3\cdot4+4\cdot6 & 3\cdot5+4\cdot7 \end{bmatrix} = \begin{bmatrix} 16 & 19 \\ 36 & 43 \end{bmatrix}$$

但是，矩陣的除算並未定義，取而代之有所謂的逆矩陣，這可照樣利用數的世界中的性質，即「除算是與乘上倒數相同」。

a 的倒數記成 a^{-1}，矩陣 A 的逆矩陣表示成 A^{-1}，如下加以定義：

$$A \cdot A^{-1} = A^{-1} \cdot A = E$$

此處 E 是單位矩陣，譬如 2×2 的單位矩陣如表示。

$$E = \begin{bmatrix} 1 & 0 \\ 0 & 1 \end{bmatrix}$$

求逆矩陣是很麻煩的，這可交給電腦來做（第 1 章）。

　　最後再說明一個名詞，此即轉置矩陣。這是指將行與列的位置交換所重排後的矩陣。A 的轉置矩陣以 A′ 表示。

例如 A = $\begin{bmatrix} 1 & 2 \\ 3 & 4 \end{bmatrix}$ 時，A′ = $\begin{bmatrix} 1 & 3 \\ 2 & 4 \end{bmatrix}$

轉置矩陣具有如下性質。

$$(AB)' = B'A'$$

　　以上已解說了矩陣的基礎。接著進入特徵值的問題，首先，考察以矩陣表示的如下方程式（3 階方陣的情形）：

$$\begin{bmatrix} a & b & c \\ d & e & f \\ f & h & i \end{bmatrix} \begin{bmatrix} x \\ y \\ z \end{bmatrix} = \lambda \begin{bmatrix} x \\ y \\ z \end{bmatrix} \quad (a, b, \cdots, i \text{ 是係數})$$

　　求滿足此關係式的解 x、y、z 及 λ 即為特徵值問題，但 x、y、z 均為 0 之解則予以排除。

　　所得出的解 (x, y, z) 稱為特徵向量，λ 稱為特徵值。

例如 $\begin{bmatrix} 1 & 2 \\ 2 & -2 \end{bmatrix} \begin{bmatrix} x \\ y \end{bmatrix} = \lambda \begin{bmatrix} x \\ y \end{bmatrix}$

滿足此例的解有 2 個，將 p、q 當作係數，

$\lambda = -3$ 時，$(x, y) = (p, -2q)$

$\lambda = 2$ 時，$(x, y) = (2p, q)$

此 −3 與 2 即為特徵值，$(p, -2q)$、$(2p, q)$ 是對各特徵值的特徵向量。

註：特徵向量的大小，如未給與條件是無法決定的。

特別是對多變量分析有實際幫助的是對稱矩陣。所謂對稱矩陣，譬如像以下的矩陣。

$$\begin{bmatrix} a & b & c \\ d & e & f \\ f & h & i \end{bmatrix}$$

亦即，數值以對角線形成對稱排列的矩陣即為對稱矩陣。

例如 $\begin{bmatrix} 1 & 2 & 3 \\ 2 & 1 & 4 \\ 3 & 4 & -1 \end{bmatrix}$

　　對此對稱矩陣來說，有幾個有關特徵值的有名性質，其中最重要的一個性質即為如下。

　　求解特徵值問題所得出的數個向量相互垂直。主成分分析、因素分析的許多性質均受惠此性質。

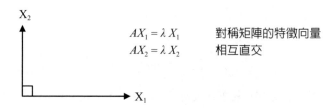

$$AX_1 = \lambda X_1 \qquad 對稱矩陣的特徵向量$$
$$AX_2 = \lambda X_2 \qquad 相互直交$$

　　試考察一般的 n 階對稱矩陣看看。它的特徵值有 n 個（$\lambda_1, \lambda_2, \cdots, \lambda_n$），它的特徵向量當作 $X_1, X_2, \cdots, X_n$（大小當作 1），於是對稱矩陣 A 可以寫成如下：

$$A = \lambda_1 X_1 X_1' + \lambda_2 X_2 X_2' + \cdots + \lambda_n X_n X_n'$$

　　此係由對稱矩陣特徵向量直交性所產生的性質。本書中有好幾處是利用此性質。

　　實際求解特徵值問題是非常累人的作業，但請放心，如利用專用的統計分析軟體，電腦隨時可立即計算出來。

附錄5　多變量分析的向量式解釋

多變量分析的想法，以數學的方式進行向量的解釋就能清楚了解。以單迴歸分析調查該例看看。當讀完後如認為「原來如此」時，也不妨在其他的領域中應用看看。

那麼，開始單迴歸分析的向量。向量以箭頭來想像（附錄 3）。多變量分析中麻煩的是，將此項量必須在 n 次元空間中考慮（n 是資料所含的樣本數），n 在 4 以上時，就要在腦海中適當地去想像了。

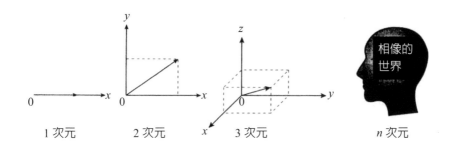

1 次元　　　　　2 次元　　　　　3 次元　　　　　n 次元

以向量調查單迴歸分析，需要有如下 4 個向量 i、x、y、Y，此 4 個向量是單迴歸分析的主角，亦即：

$i = (1, 1, \cdots, 1)$

$x = (x_1, x_2, \cdots, x_n)$

$y = (y_1, y_2, \cdots, y_n)$

$Y = (Y_1, Y_2, \cdots, Y_n)$

i 是所有的成分均為 1，x、y 是以實測值作為成分的向量，而 Y 是以預測值作為成分的向量，所謂預測值是利用迴歸方程式：

$$Y = ax + b \qquad ①$$

由變量 x 的實測值所求出之值 Y。

請留意實測值的向量 x、y 及以 1 為成分的向量 i 是被固定的向量，並且尋找向量 Y 可能是目的所在。

試將向量 Y 以 2 個向量表現看看，由①

$$Y = ax + bi \qquad ②$$

試解釋此②式看看。在包含 i 與 x 的平面上，係數 a、b 改變時，Y 即形成各種改變的向量，此事以數學的方式即可如下表現。

表現預測值的向量 Y 是位在固定向量 x、i 所張開的平面上。

■表示預測值的 Y 是落在 x、i 所形成的平面

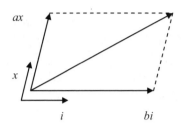

終於各式的準備已經就緒。試以向量表現第 2 章第 2 節所考察的殘差平方和吧。

$$Q = (y_1 - Y_1)^2 + (y_2 - Y_2)^2 + \cdots + (y_n - Y_n)^2$$

Q 是以預測值與實測值之差的平方和加以定義,觀察此式的右邊時,可以發現出它是向量 $y - Y$ 的大小的平方 $|y - Y|^2$,亦即:

$$Q = |y - Y|^2 \qquad ③$$

Q 的意義,可以畫成如下圖。

註:$|a|$ 是向量 a 的大小,以直覺的方式來說,即為箭線的長度(附錄 3)。

■實測值與預測值之差可理解為誤差向量

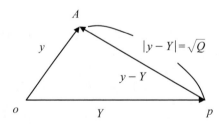

使殘差平方和 Q 成為最小即為迴歸方程式①。Q 為最小,是說上圖的 AP 成為最小。試對此圖像,套在②式亦即:

$$Y = ax + bi$$

的關係式看之。y 與 Y 以及 $y - Y$ 3 個向量位於如下圖的關係。

■ Q 最小時 AP 為最小,此時 $\overrightarrow{AP} \perp x, \overrightarrow{AP} \perp i$

由③,Q 為最小即 $|y - Y|$ 為最小,為了使 Q 最小,$y - Y$ 要與 i 與 x 垂直。

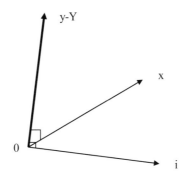

亦即，垂直條件的「內積」有需要成為 0 。

$$(y - Y) \cdot i = 0$$
$$(y - Y) \cdot x = 0 \qquad ④$$

試將②式代入④式看看，於是：

$$(y - ax - bi) \cdot i = 0$$
$$\therefore y \cdot i - ax \cdot i - bi \cdot i = 0 \qquad ⑤$$

試將內積以成分表示看看：

$$y \cdot i = y_1 + y_2 + \cdots + y_n \text{、} x \cdot i = x_1 + x_2 + \cdots + x_n \text{、} i \cdot i = n$$

代入⑤式時，可以導出下式：

$$(y_1 + y_2 + \cdots + y_n) - a(x_1 + x_2 + \cdots + x_n) - b_n = 0$$

兩邊除以 n，得出下式：

$$\overline{y} = a\overline{x} + b \qquad ⑥$$

多變量的平均滿足迴歸方程式的性質（第2章），可從「垂直」的此種印象所導出。

■ $y - Y$ 要與 i 與 x 垂直

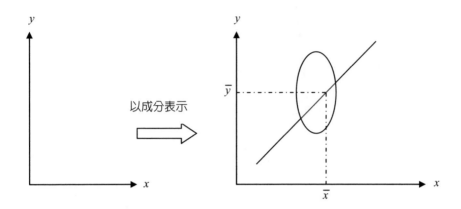

以成分表示

為了進行以下的討論，將⑥式以向量表現看看：

$$\bar{y}i = a\bar{x}i + bi$$

利用此，$y - Y$ 即可如下變形：

$$y - Y = (y - \bar{y}i) - (Y - \bar{y}i) = (y - \bar{y}i) - (Y - a\bar{x}i - bi)$$

將②式代入此處看看：

$$y - Y = (y - \bar{y}i) - ax + bi - a\bar{x}i - bi)$$
$$= (y - \bar{y}i) - a(x - \bar{x}i) \qquad ⑦$$

此處請看③式，亦即下式看看：

$$Q = |y - Y|^2 \qquad ③$$

由此與⑦式，要調查殘差平方和 Q，知如果能調查如下 2 個向量之差即可。

$$y - \bar{y}i = (y_1 - \bar{y}, y_2 - \bar{y}, ..., y_n - \bar{y})$$
$$x - \bar{x}i = (x_1 - \bar{x}, x_2 - \bar{x}, ..., x_n - \bar{x})$$

■調查 y-Y，調查 $y - \overline{y}i$ 與 $x - \overline{x}i$ 即可

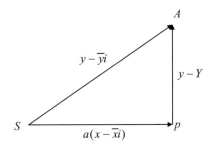

附帶一來，此性質意謂向量的起點 0 移動到表示 $\overline{y}i$ 的點 S。將向量的起點移到 S，解釋變得容易。

■將向量的起點當作 S 時解釋變得容易

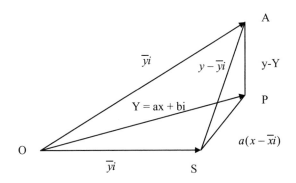

$Q = |y - Y|^2$ 要成為最小，由圖知 $y - Y$ 與 $x - \overline{x}i$ 需要垂直，因此他們的內積成為 0。

將關係 $Y = ax + bi$（②式）帶入此處：

$$\{Y - (ax + bi)\} \cdot (x - \overline{x}i) = 0$$

由⑥式（亦即 $\overline{y} = a\overline{x} + b$）消去 b，並整理時：

$$(y - \overline{y}i) \cdot (x - \overline{x}i) - a(x - \overline{x}i) \cdot (x - \overline{x}i) = 0 \qquad ⑧$$

此處發覺了有趣事項。將上式的內積以成分表示看看：

$$(y - \overline{yi}) \cdot (x - \overline{xi}) = (y_1 - \overline{y})(x_1 - \overline{x}) + \cdots + (y_n - \overline{y})(x_n - \overline{x})$$
$$(x - \overline{xi}) \cdot (x - \overline{xi}) = (x_1 - \overline{x})^2 + (x_2 - \overline{x})^2 + \cdots + (x_n - \overline{x})^2$$

這些的內積即為變量 x、y 的共變異數,與變量 x 的變異數成比例之值,亦即:

$$(y - \overline{yi}) \cdot (x - \overline{xi}) = (n-1)S_{xy}$$
$$(x - \overline{xi}) \cdot (x - \overline{xi}) = (n-1)S_x^2$$

帶入⑧式看看,於是 a 即可如下求出。

$$a = \frac{S_{xy}}{S_x^2}$$

此與第 2 章調查單迴歸分析時的結果相一致,在第 2 章中以最小平方法得出此結果。此處是以向量的幾何學方式導出同一結論。

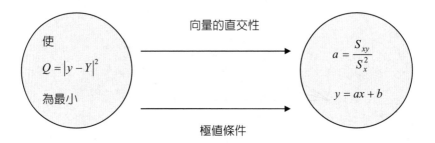

以上結束了單迴歸分析的話題。如果對以上的單迴歸分析的向量解釋感興趣時,試著將它應用在複迴歸分析的解釋上。另外對主成分分析、因素分析也不妨應用看看,想必可以開啓新的世界。

附錄6　迴歸分析的結果檢定

　　成為多變量分析對象的資料，一般是以樣本調查所得出，因此所得到的結論必須進行以機率論來說的「檢定」操作才行，可是多變量解釋之結果的檢定，一般是很困難的。因此，以最典型且容易了解的例子來說，試列舉複迴歸分析的結果的檢定吧，由此例來窺視多變量分析之結果的檢定法。

　　舉例來說，考察第 2 章「複迴歸分析」所調查的營業所的銷售收入資料（下表）。

營業所	宣傳費	營業人數	銷售收入	預測值	殘差
1	5.5	12	73	75.83	−2.83
2	4.5	9	59	56.64	2.36
3	4.1	8	56	49.93	6.07
4	3.5	6	31	37.45	−6.45
5	2.5	5	28	27.93	0.07
6	2.3	6	31	31.83	−0.83
7	2.7	5	30	28.87	1.13
8	2.8	4	25	24.50	0.50
平均	3.5	6.9	41.63	41.63	0.00
變異數	1.3	7.0	330.84	317.38	13.46

　　關於此資料，由第 2 章的計算，得出如下的迴歸方程式：

$$Y = 4.69x + 4.83u - 8.00$$

　　並且由第 2 章，如下求出表示此迴歸方程式可信度的判定係數，且以查明此迴歸是有十分不錯的精確度。

$$R^2 = \frac{317.38}{330.84} = 96\%$$

　　但這並非所有店鋪作為對象所調查者，只是以所抽樣的店鋪作為對象，因此所得出的結論會出現「偶然」引起的反對論。僅由 8 家討論全體是輕率的，有此反對意見，說服「當是偶然的」的反對論者的理論即稱為「檢定」。

複迴歸分析時，結果的正當性可用判定係數 R^2 來判斷，如先前所提及的，判定係數是如下加以定義。

$$\text{判定係數 } R^2 = \frac{\text{目的變量的預測值的變異數}}{\text{目的變量的實測值的變異數}} = \frac{S_Y^2}{S_y^2} \qquad ①$$

因此，知複迴歸分析的統計學上的正當性是以判定係數的檢定所得出。在此考察前頁所示的資料，在第 2 章中也曾考察，由此表得出如下結論。

$$\text{目的變量的實測值的變異數＝預測變量的變異數＋殘差的變異數} \qquad ②$$

試將此關係以式子表示看看：

$$\frac{1}{n-1}\Big\{(y_1 - \overline{y})^2 + (y_2 - \overline{y})^2 + ... + (y_n - \overline{y})^2\Big\}$$

$$= \frac{1}{n-1}\Big\{(Y - \overline{y})^2 + ... + (Y_n - \overline{y})^2\Big\} + \frac{1}{n-1}\Big\{\varepsilon_1^2 + \varepsilon_2^2 + ... + \varepsilon_n^2\Big\}$$

註：利用 $\overline{y} = \overline{Y}$，殘差 $\varepsilon(= y - Y)$ 的平均為 0 之性質。

n 是樣本數，亦即本例的營業所數是 8。

兩邊除以 $\dfrac{1}{n-1}$，②式的說法可反爲如下。

$$\text{實測值的偏差平方和＝預測值的偏差平方和＋殘差的偏差平方和} \qquad ③$$

此處偏差是指多變量之值減去平均（第 1 章）。

利用③式，表現判定係數①看看：

$$R^2 = \frac{S_Y^2}{S_y^2} = \frac{\text{預測值的偏差平方和}}{\text{預測值的偏差平方和＋殘差的偏差平方和}} = \frac{1}{1 + \dfrac{\text{殘差的偏差平方和}}{\text{預測值的偏差平方和}}}$$

　　因此，判定係數 R^2 大，與比值 $\dfrac{殘差的偏差平方和}{預測值的偏差平方和}$ 小是相同的。

如以此比的倒數

$$\dfrac{預測值的偏差平方和}{殘差的偏差平方和} \qquad ④$$

來想時，判定係數 R^2 大，與此比值④小是一致的。

■ R^2 大，與此比值④小是一致

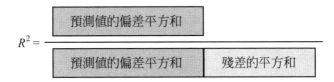

$$R^2 = \dfrac{預測值的偏差平方和}{\boxed{預測值的偏差平方和}\ \boxed{殘差的平方和}}$$

　　因此，為了檢定判定係數 R^2 是大一事，只要檢定④的比值是大即可。
終於進入最後的步驟了，雖然有些冒然，試考察：

$$V_Y = \dfrac{預測值的偏差平方和}{g} \,、\, V_\varepsilon = \dfrac{殘差的偏差平方和}{n-g-1}$$

的比 $F_R = \dfrac{V_Y}{V_\varepsilon}$ 看看。此處 n 是樣本數，g 是說明變量的個數，所謂比值④是不同於常

數倍的數。實際上，從簡單的計算知以下的關係是成立的。

$$F_R = \dfrac{V_Y}{V_\varepsilon} = \dfrac{n-g-1}{g} \cdot \dfrac{預測值的偏差平方和}{殘差的偏差平方和} \qquad ⑤$$

因此，檢定④的比值大，取而代之檢定 F_R 是大即可。
那麼，為什麼要列舉 F_R 呢？
那是 F_R 服從統計學上為人所熟之的自由度 g、$n-g-1$ 下分配。換言之，此 F_R 比④
式之比值即判定係數 R^2，在統計學上已有深入的探討。
　　為了整理長篇大論，試將目前的流程整理如下：

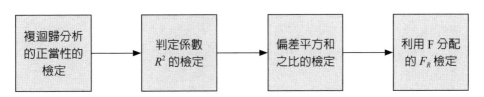

那麼，開始進行 F_R 之值的檢定吧。

F 分配在統計學中是有名的分配，以如下圖的分配曲線加以表示。

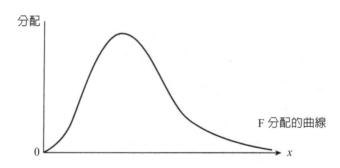

⑤的 F_R 是服從如此形狀的分配，因此首先試求 F_R 之值看看。

由最初的資料得出如下表（此稱為變異數分析表）。

變動	平方和	自由度	均方	變異數比
迴歸（Y）	2221.66	2	1110.83	58.95
殘差（ε）	94.22	5	18.83	
斜率（y）	2315.88	7		

在變異數比欄中，F_R 之值是 58.95，此值可由表 $V_Y = 1110.83$、$V_\varepsilon = 18.83$，以如下求出：

$$F_R = \frac{V_Y}{V_\varepsilon} = \frac{1110.83}{18.83} = 58.95$$

問題是此 58.95 之值是大或是小呢？以統計學的方式來看如果十分大時，④之值也就大，判定係數 R^2 也就十分地大。

終於進入檢定了！此處，虛無假設如下設定：

H_0：判定係數 R^2 不能說大

試以 5% 的冒險率（棄權率）檢定此假設看看。由以前的討論似乎可知，此可換成如下的說法：

「F_R 不能說大」

F 分配中如下圖箭頭部分之面積是 005，亦即表示以 5% 機率發生的範圍。

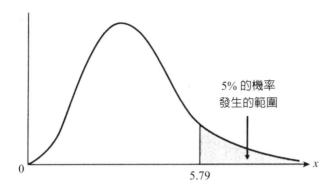

注意圖中的交界處，x 座標之值是 5.79，亦即在服從 F 分配的現象中，表示

$$x \geq 5.79 \text{ 的機率是 5\%}$$

但是，服從 F 分配的 F_R 是 58.95，此事顯然發生的機率是在 5% 以下。

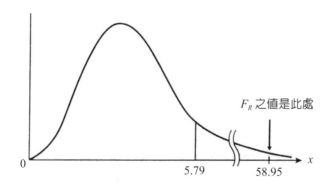

　　由以上似乎可知，先前所列舉的假設「F_R 不能說大」，在 5% 的冒險率下被捨棄，亦即：

$$\text{「判定係數 } R^2 \text{ 不能說大」}$$

的假設在 5% 的顯著水準下知被否定。按照如此，即可檢定判定係數的正確性。

參考文獻

1. 寺島拓幸，《利用 SPSS 多變量分析》，東京圖書，2018。
2. 涌井良幸，《圖解多變分析》，日本實業出版社，2001。
3. 涌井良幸、涌井貞美，《多變量分析解說》，日本實業出版社，2009。
4. 石村貞夫，《多變量解析淺說》，東京圖書，1987。
5. 石村貞夫，《統計解析淺說》，東京圖書，1989。
6. 石村貞夫，《變異數分析淺說》，東京圖書，1992。
7. 石村貞夫，《利用 SPSS 的變異數分析與多重比較的步驟》，東京圖書，1997。
8. 石村貞夫，《利用 SPSS 的多變量數據分析的步驟》，東京圖書，1998。
9. 石村貞夫，《利用 SPSS 的統計處理的步驟》，東京圖書，2001。
10. 石村貞夫，《利用 SPSS 的類別分析的步驟》，東京圖書，2001。

國家圖書館出版品預行編目資料

圖解多變量分析／陳耀茂著. 初版.
臺北市：五南圖書出版股份有限公司，
2021.05
面； 公分
ISBN 978-986-522-471-4（平裝）

1.多變量分析 2.統計套裝軟體

511.2 110001939

5BJ4

圖解多變量分析

作　　　者 ― 陳耀茂（270）

發 行 人 ― 楊榮川

總 經 理 ― 楊士清

總 編 輯 ― 楊秀麗

副總編輯 ― 王正華

責任編輯 ― 張維文

封面設計 ― 姚孝慈

出 版 者 ― 五南圖書出版股份有限公司

地　　　址：106台北市大安區和平東路二段339號4樓

電　　　話：(02)2705-5066　　傳　真：(02)2706-6100

網　　　址：https://www.wunan.com.tw

電子郵件：wunan@wunan.com.tw

劃撥帳號：01068953

戶　　　名：五南圖書出版股份有限公司

法律顧問　林勝安律師事務所　林勝安律師

出版日期　2021年5月初版一刷

定　　　價　新臺幣350元

經典永恆・名著常在

五十週年的獻禮——經典名著文庫

五南，五十年了，半個世紀，人生旅程的一大半，走過來了。

思索著，邁向百年的未來歷程，能為知識界、文化學術界作些什麼？

在速食文化的生態下，有什麼值得讓人雋永品味的？

歷代經典・當今名著，經過時間的洗禮，千錘百鍊，流傳至今，光芒耀人；

不僅使我們能領悟前人的智慧，同時也增深加廣我們思考的深度與視野。

我們決心投入巨資，有計畫的系統梳選，成立「經典名著文庫」，

希望收入古今中外思想性的、充滿睿智與獨見的經典、名著。

這是一項理想性的、永續性的巨大出版工程。

不在意讀者的眾寡，只考慮它的學術價值，力求完整展現先哲思想的軌跡；

為知識界開啟一片智慧之窗，營造一座百花綻放的世界文明公園，

任君遨遊、取菁吸蜜、嘉惠學子！